Paris

1833

Goethe, Johann Wolfgnag von

Werther

Tome 2

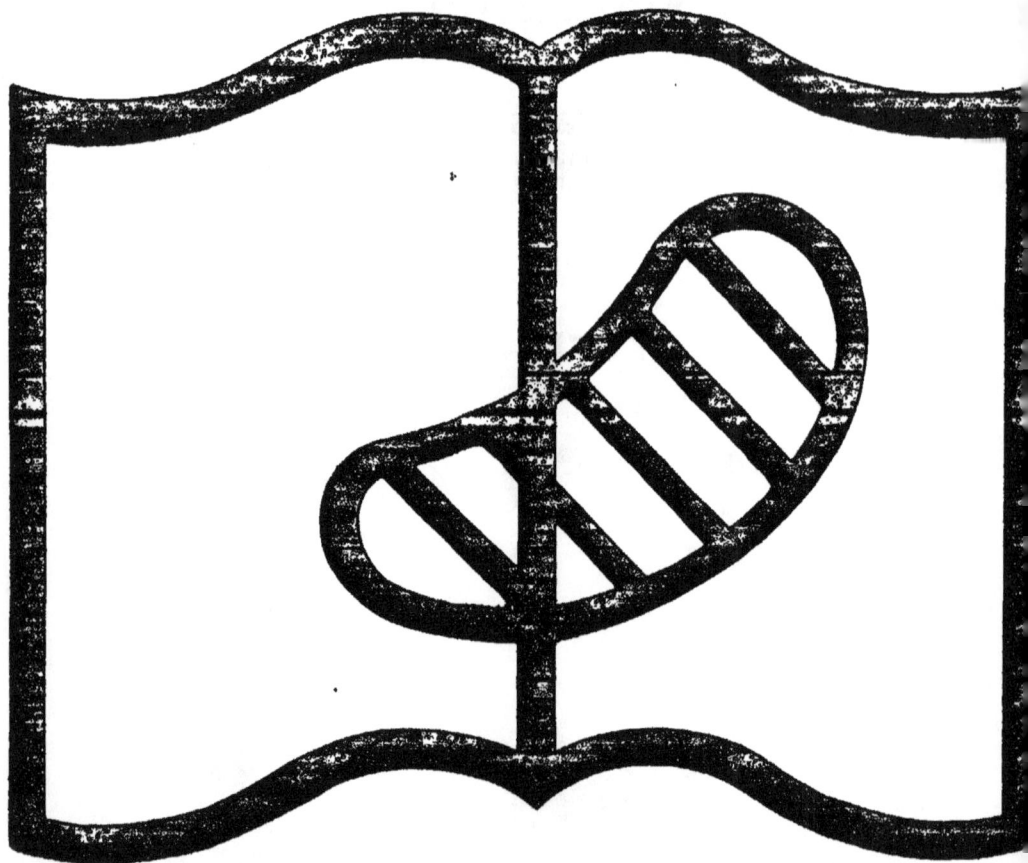

Symbole applicable
pour tout, ou partie
des documents microfilmés

Original illisible

NF Z 43-120-10

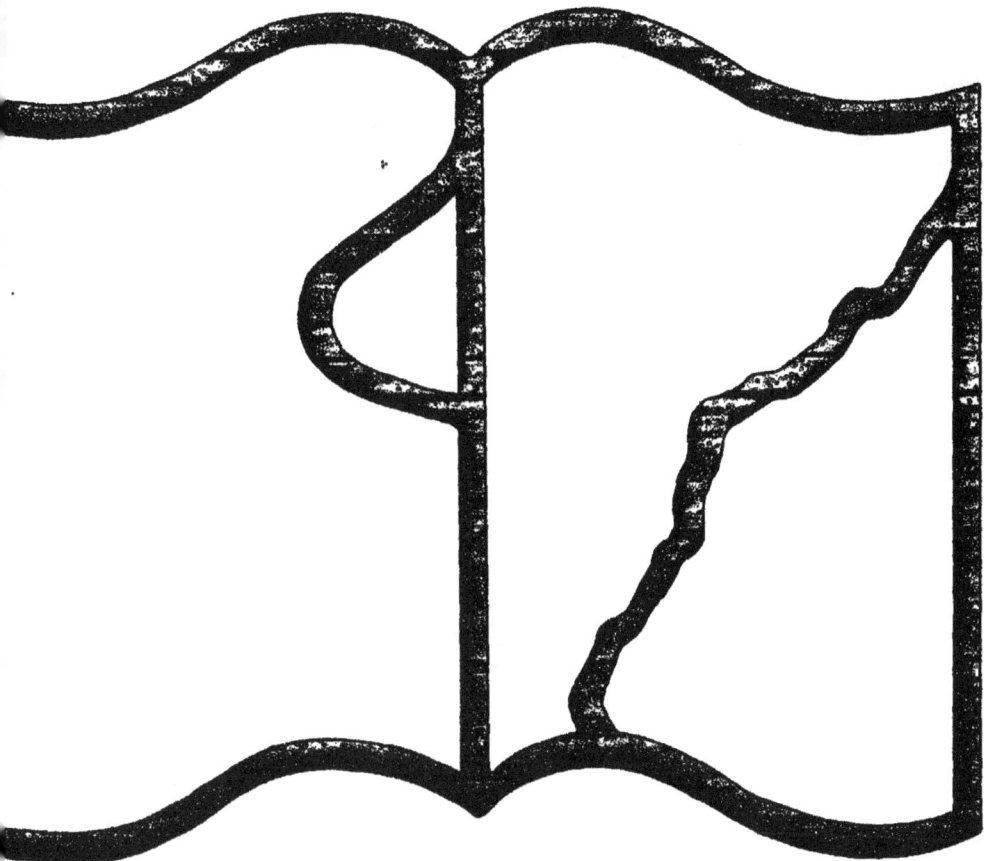

**Symbole applicable
pour tout, ou partie
des documents microfilmés**

Texte détérioré — reliure défectueuse

NF Z 43-120-11

COLLECTION

DES

Meilleurs Romans

Français et Étrangers.

Paris,

CHEZ LEDENTU, LIBRAIRE,

Quai des Augustins, no 31;

DAUTHEREAU, LIBRAIRE, RUE DE RICHELIEU, N° 17.

1833.

GOETHE.

PARIS. — INPRIMERIE DE CASIMIR,
rue de la Vieille-Monnaie, n° 12.

WERTHER.

Tome Second.

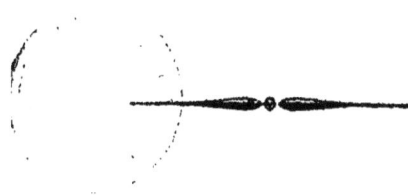

A PARIS,

CHEZ LEDENTU, LIBRAIRE,
QUAI DES AUGUSTINS, N° 31.

DAUTHEREAU, LIBRAIRE,
RUE RICHELIEU, N° 17.

1833.

WERTHER.

SECONDE PARTIE.

LETTRE LVI.

16 juillet 1772.

Oui, sans doute, je ne suis qu'un pélerin, errant sur cette terre ! Êtes-vous donc autre chose ?

~~~~~~~~~~~~~~~~~~~~~~~~~~~~~~~~~~~

LETTRE LVII.

18 juillet.

Où j'irai ? je vais te le dire en confidence.
Il faut que je reste encore quinze jours ici,
ensuite je me suis figuré que je visiterais les
mines de ***. Mais, au fond, il n'en est rien ;
je veux seulement me rapprocher de Charlotte;
voilà tout. Et je ris de mon propre cœur ! et
je fais ses volontés.

~~~~~~~~~~~~~~~~~~~~~~~~~~~~~~~~~~~~

LETTRE LVIII.

29 juillet.

Bon, c'est bien! c'est très-bien! Moi... son mari! O Dieu qui m'as créé, si tu m'avais destiné une pareille félicité, ma vie entière eût été une adoration continuelle. Je ne veux point te juger; pardonne-moi ces larmes, pardonne-moi mes vains souhaits! Elle, ma femme! Si j'avais serré dans mes bras l'être le plus aimable qui respire sous le soleil!... Je sens le frisson me parcourir le corps, mon ami, quand Albert entoure de ses bras cette taille élégante.

Et, le dirai-je? pourquoi non, cher ami? Elle eût été plus heureuse avec moi qu'avec lui! Oh! ce n'est pas un homme à remplir tous les vœux de ce cœur! Il manque d'une certaine délicatesse de sentiment, d'une cer-

taine..... nomme-le comme tu voudras : son
cœur ne bat pas à l'unisson avec les nôtres; il
n'éprouve aucune sympathie à la lecture d'un
ouvrage touchant, lorsque mon cœur et celui
de Charlotte se rencontrent si bien; de même,
en cent autres circonstances, quand nous venons à dire notre sentiment sur l'action d'un
tiers. O mon ami ! Il est vrai qu'il l'aime de
toute son ame ; et que ne mérite pas un pareil
amour !...

Un insupportable personnage m'a inter-
rompu. Mes larmes sont séchées; je suis détourné de mes idées. Adieu, cher ami !

~~~~~~~~~~~~~~~~~~~~~~~~~~~~~~~~~~

LETTRE LIX.

4 août.

Ce n'est pas moi seul qui suis dans ce cas.
Tous les mortels voient leurs espérances dé-
truites, leur attente déçue. J'ai été chez ma
bonne femme des tilleuls. Le plus âgé des gar-
çons accourut au devant de moi ; ses cris de
joie attirèrent la mère, qui me parut fort
abattue. Sa première parole fut : « Mon bon
monsieur ! hélas ! mon pauvre Jean est mort ! »
C'était son cadet. Je gardais le silence. « Mon
mari, continua-t-elle , est revenu de la Suisse,
et il n'a rien rapporté ; et , sans des personnes
charitables, il aurait été obligé de mendier
pour son retour : il avait pris la fièvre en
chemin. » Je ne pus rien lui dire ; je donnai
quelque chose à son fils : elle me pria d'ac-
cepter quelques pommes ; je le fis, et je quit-
tai ce lieu de douloureux souvenirs,

~~~~~~

LETTRE LX.

21 août.

Iᴌ ne faut que tourner la main, pour que
ma position ne soit plus la même. Souvent une
joyeuse étincelle de vie veut la ranimer; hélas !
au même instant elle s'évanouit. Quand je
me perds dans mes rêveries, je ne puis re-
pousser cette pensée : quoi! si Albert mou-
rait, tu deviendrais!... oui, elle deviendrait...
Alors je poursuis ce fantôme, jusqu'à ce qu'il
m'entraîne au bord de l'abîme, et je me retire
en tremblant.

Si je sors de la porte, si je me retrouve sur
cette route que je parcourus en voiture, la
première fois, en allant chercher Charlotte
pour le bal... oh! comme alors tout était diffé-
rent ! Tout a disparu ! Il ne reste plus aucune
trace du monde tel que je le voyais; plus une

pulsation qui me rappelle mes sentiments
de cette époque. Je suis dans l'état où se
trouverait l'ombre d'un grand prince revenue
dans son palais, aujourd'hui brûlé et ruiné,
qu'il bâtit jadis au sein des prospérités, et
qu'après avoir embelli de tout l'éclat du luxe,
il avait laissé en mourant à son fils chéri,
plein des plus belles espérances.

~~~~~~~~~~~~~~~~~~~~~~~~~~~~~~~~~

LETTRE LXI.

3 septembre.

Souvent je ne conçois pas comment un autre peut l'aimer, ose l'aimer, tandis que moi je l'aime si exclusivement ; que mon amour est si profond, si ardent, que je ne cherche, ne vois, ne connais qu'elle.

———

~~~~~~~~~~~~~~~~~~~~~~~~~~~~~~~~~~~~~~

LETTRE LXII.

4 septembre.

Oui, c'est bien de même : la nature s'incline vers l'automne, et l'automne commence au dedans de moi comme au dehors. Mes feuilles jaunissent, et déjà sont tombées les feuilles des arbres qui m'environnent. Ne t'ai-je pas entretenu jadis d'un jeune valet de ferme, dans les premiers jours de son arrivée ici? J'ai demandé de ses nouvelles à Wahlheim : on me dit qu'il avait été renvoyé de son service, et personne ne voulut m'en apprendre davantage. Hier je le rencontrai par hasard sur la route d'un autre village; je lui parlai, et il me conta son histoire, dont je fus ému et touché comme tu le concevras aisément lorsque je te l'aurai communiquée. Mais, au fait, pourquoi tout cela? Pourquoi ne pas

garder pour moi seul ce qui me blesse et m'afflige? Pourquoi t'attrister aussi? Pourquoi te
donner toujours l'occasion de me plaindre ou
de me gronder? Qui sait ? Cela tient peut-être
aussi à ma destinée.

Le jeune homme ne répondit d'abord à mes
questions qu'avec une sombre tristesse, dans
laquelle je crus même démêler une certaine
honte; mais bientôt plus expansif, comme
si tout à coup il se fût reconnu lui-même et
m'eût reconnu en même temps, il convint de
sa faute et me confia son malheur. Que ne
puis-je, mon ami, te rapporter chacune de
ses paroles! Il avoua, il raconta même avec
une sorte de plaisir et de bonheur, dû à ses
souvenirs, que sa passion pour la fermière
avait augmenté de jour en jour; qu'à la fin il
ne savait plus ce qu'il faisait; selon son expression, il ne savait plus où donner de la
tête. Il ne pouvait plus ni manger, ni boire,
ni dormir; il étouffait; il faisait ce qu'il ne
fallait pas faire; ce qu'on lui ordonnait, il
l'oubliait; il semblait tourmenté par un
mauvais génie. Un jour enfin qu'elle était

montée dans une chambre, il l'avait suivie,
ou plutôt il avait été attiré auprès d'elle.
Comme elle ne se rendait pas à ses prières,
il voulut s'emparer d'elle par la force : il ne
conçoit pas comment il en est venu là; et il
prend Dieu à témoin que ses vues ont toujours
été honorables, et qu'il n'avait souhaité rien
plus ardemment que de l'épouser, et de passer sa vie avec elle. Après avoir long-temps
parlé, il hésita, et s'arrêta comme quelqu'un
à qui il reste encore quelque chose à dire, et
qui n'ose l'exprimer. Enfin il m'avoua, d'une
manière discrète et réservée, les petites fami-
liarités qu'elle lui permettait, les légères fa-
veurs qu'elle lui accordait. Il s'interrompit à
deux ou trois reprises, et réitéra les plus vives
protestations qu'il ne disait pas cela pour la
décrier ; qu'il l'aimait et l'estimait comme
auparavant ; qu'il n'en aurait jamais parlé,
et qu'il ne m'en parlait que pour me con-
vaincre qu'il n'était pas tout-à-fait en démence. Et ici, mon cher ami, je recommence
mon ancienne chanson, qu'il faut que je re-
prenne toujours : si je pouvais te représenter

ce jeune homme tel qu'il était devant moi, tel qu'il y est encore ! Si je pouvais te rendre tout cela au juste, de manière que tu sentisses combien je m'intéresse à son sort, combien je dois m'y intéresser ! Mais en voilà assez. Toi qui connais aussi mon sort, et qui me connais, tu ne sais que trop bien ce qui m'attire vers tous les malheureux, et surtout vers celui-ci.

En relisant ma lettre, je m'aperçois que j'ai oublié de te raconter la fin de l'histoire, qui cependant est facile à deviner. La fermière se défendit ; son frère survint : depuis long-temps il haïssait le jeune homme et l'aurait voulu voir sortir de la maison, parce qu'il craignait qu'un nouveau mariage ne privât ses enfants d'un héritage assez considérable, attendu que sa sœur n'avait pas d'enfants elle-même. Ce frère le chassa sur-le-champ, et fit tant de bruit de l'affaire, que la fermière, quand même elle l'eût voulu, n'eût point osé le reprendre. Actuellement, elle a un autre domestique ; on dit qu'elle s'est déjà brouillée avec son frère à ce sujet ; on regarde comme certain qu'elle épousera ce nouveau venu ;

l'ancien assure qu'il a fermement résolu de
ne pas y survivre.

Ce que je te raconte n'est ni exagéré, ni
embelli : j'ose même dire que c'est faiblement,
très-faiblement rendu, et que je l'ai gâté en
me servant de nos expressions prétendues
châtiées.

Cet amour, cette constance, cette passion,
n'est donc pas une fiction poétique ! Elle
existe dans sa plus grande pureté chez cette
classe d'hommes que nous appelons grossiers,
peu civilisés, nous qui sommes civilisés...
nous que la civilisation a réduits à rien ! Lis
cette histoire avec attention, je t'en prie. Je
suis calme aujourd'hui en te l'écrivant ; tu
vois, à mes caractères, que je ne griffonne pas
autant que de coutume. Lis, mon ami, et
pense bien que c'est aussi l'histoire de ton
ami ! Oui, voilà ce qui m'est arrivé, voilà
ce qui m'attend ; et je ne suis pas à moitié si
courageux, pas à moitié si résolu que ce pauvre infortuné, avec lequel je n'ose certes avoir
la présomption de me comparer.

~~~~~~~~~~~~~~~~~~~~~~~~~~~~~~~~~~~

LETTRE LXIII.

5 septembre.

ELLE avait écrit un petit billet à son mari, qui est à la campagne, où le retiennent quelques affaires. Il commençait ainsi : « Mon cher, « mon bon ami, reviens le plus tôt que tu « pourras ; je t'attends avec la plus tendre im- « patience. » Un ami qui survint lui apprit que, par certaines circonstances, le retour d'Albert serait un peu retardé. Le billet resta là et me tomba le soir entre les mains. Je le lus, et je souris ; elle me demanda pourquoi. « Quel cé- leste bienfait que l'imagination ! m'écriai-je ; j'ai pu me figurer un moment que ces lignes s'adressaient à moi. » Elle rompit l'entretien, parut mécontente, et je gardai le silence.

~~~~~~

LETTRE LXIV.

6 septembre.

Il m'a fallu bien du temps avant que j'aie pu me résoudre à réformer le frac bleu que je portais la première fois que je dansai avec Charlotte : mais à la fin il n'était plus présentable. Aussi m'en suis-je fait faire un tout pareil à l'ancien, mêmes collet et parements ; j'ai renouvelé, au même temps, le gilet chamois et le haut-de-chausse assorti.

Ce ne sera cependant pas tout-à-fait la même chose. Je ne sais.... je pense qu'à la longue il me deviendra cher aussi.

LETTRE LXV.

12 septembre.

ELLE avait fait une courte absence, pour aller chercher Albert. J'entrai aujourd'hui chez elle ; elle vint au devant de moi, et je baisai sa main avec mille transports.

Un serin perché sur un miroir vola sur son épaule. « Un nouvel ami ! me dit-elle en lui présentant le doigt pour l'appeler ; il est destiné aux enfants. Il est si gentil ! regardez-le ! Quand je lui donne du pain, il bat des ailes, et le becquette avec tant de grace ! il vient aussi me baiser, voyez ! »

Elle l'approcha de sa bouche ; le petit animal pressait aussi vivement ses lèvres vermeilles, que s'il avait pu apprécier le bonheur dont il jouissait.

« Il faut qu'il vous baise aussi, » dit-elle ;

et elle me présenta l'aimable oiseau. Son petit
bec passa des lèvres de Charlotte aux miennes,
et ses caresses folâtres me firent éprouver une
émotion pleine de l'ivresse de l'amour.

« Son baiser, dis-je, n'est pas tout-à-fait
désintéressé; il cherche à manger, et il part
mécontent de mes vaines caresses. »

« Il prend sa nourriture de ma bouche, »
répondit Charlotte. Elle lui offrit un peu de
mie de pain sur ses lèvres, où brillaient de
tout leur éclat l'innocente joie et l'affection la
plus bienveillante.

Je détournai la tête : elle ne devrait pas faire
cela; elle ne devrait pas allumer mon imagination par ces scènes d'innocence et de félicité
céleste ; elle ne devrait pas réveiller mon cœur
de ce sommeil où il est plongé quelquefois,
bercé par l'indifférence de la vie !... Et pourquoi s'en abstenir?... Elle a tant de confiance
en moi; elle sait combien je l'aime !

~~~~~~~~~~~~~~~~~~~~~~~~~~~~~~~~~~

LETTRE LXVI.

15 septembre.

On perdrait toute patience, mon ami, en voyant ces hommes dépourvus d'ame et de sentiment pour le peu d'objets qui, sur terre, ont quelque valeur. Tu te souviens des noyers sous lesquels je m'assis avec Charlotte chez le bon pasteur de St*** ; ces imposants noyers, qui, Dieu le sait, remplissaient toujours mon ame des plus douces sensations de plaisir ! Comme ils rendaient agréable la cour du presbytère ! quelle fraîcheur ils y répandaient ! que leurs rameaux étaient magnifiques ! et la mémoire des ecclésiastiques vénérables qui les avaient plantés il y a tant d'années ! Le maître d'école nous a souvent dit le nom de l'un des pasteurs, qu'il avait appris de son grand-père ; ce doit avoir été un excellent homme ; son sou-

venir m'était toujours présent et sacré , lorsque
je me trouvais sous ces arbres. En vérité , le
maître d'école avait les larmes aux yeux, en
nous racontant hier qu'ils étaient abattus.
Abattus! Dans ma rage , je pourrais poignarder
le brutal qui leur porta le premier coup. Moi
qui serais homme à prendre le deuil , si j'avais
deux arbres semblables dans ma cour , et qu'il
en mourût un de vieillesse ; moi, il faut que
je voie cela ! Ce que c'est pourtant, mon ami ,
que le sentiment propre à l'homme ! Tout le
village murmure ; j'espère que la femme du
curé s'apercevra de la blessure qu'elle a faite
aux habitants, et qu'elle verra diminuer les
présents d'œufs, de beurre, et les autres marques
d'amitié. Car c'est elle , c'est cette femme du
nouveau pasteur (l'ancien est mort aussi), une
créature sèche, acariâtre et malingre , qui a
bien raison de ne s'intéresser à rien , puisqu'on
ne saurait s'intéresser à elle. C'est une folle qui
prétend au savoir , s'occupe de faire des recherches dans les livres canoniques, travaille
à une nouvelle réformation critique et morale
du christianisme , et qui lève les épaules sur

les *rêveries* de Lavater ; sa santé est fort mauvaise ; elle ne jouit par conséquent d'aucun
plaisir sur la terre. Un être comme celui-là
pouvait seul abattre mes noyers ! Vois-tu, mon
ami , je n'en reviens pas. Figure-toi que les
feuilles mortes salissaient sa cour, les arbres
interceptaient la lumière , et quand les noix
étaient mûres , les enfants jetaient des pierres
pour les abattre ; cela lui agaçait les nerfs et
troublait ses profondes méditations. lorsqu'elle
comparait entre eux Kennicot , Semler et Mi-
chaëlis. Comme je voyais le mécontentement
des habitants du village, et surtout des hommes
âgés, je leur demandai pourquoi ils l'avaient
souffert. « Quand le maire le veut, ici à la campagne, dirent-ils, que pouvons-nous faire ? »
Mais voici le bon de l'histoire : Le maire et le
pasteur comptaient partager le profit ; ce dernier était bien aise de tirer parti des lubies
de sa femme, qui sont loin de rendre sa cui-
sine meilleure ; la chambre des domaines l'apprit , et leur dit : « Halte-là ! » Elle avait d'an-
ciens droits sur la partie de la cour où se
trouvaient les arbres , et elle vendit les noyers

au plus offrant. Ils sont abattus ! Oh ! si j'étais
prince ! je voudrais que la femme du pasteur,
le maire et les domaines.... Oui, mais si j'étais
prince, je m'inquiéterais bien de tous les arbres de mes États !

~~~~~~~~~~~~~~~~~~~~~~~~~~~~~~~~~

LETTRE LXVII.

10 octobre.

Que je voie seulement ses yeux noirs, et je me sens mieux! Tiens, ce qui me chagrine, c'est qu'Albert n'a pas l'air aussi heureux qu'il... l'espérait, que je... croirais l'être, si... Je n'aime pas les réticences; mais ici je ne puis m'exprimer autrement.... Il me semble que c'est assez intelligible.

~~~~~~~~~~~~~~~~~~~~~~~~~~~~~~~~~~~~~

LETTRE LXVIII.

12 octobre.

Ossian remplace Homère dans mon cœur.
Quel monde que celui où me transporte cet
auteur sublime ! Errer dans les bruyères, entouré des vents impétueux qui, à la clarté incertaine de la lune, chassent au milieu de
nuages flottans les ombres de nobles aïeux !
Entendre, du haut des montagnes, les mugis-
sements du torrent furieux se mêler aux cris
à moitié étouffés que poussent les fantômes du
fond de leurs cavernes, et aux accents plaintifs
de la jeune vierge, livrée aux angoisses de la
mort, près de ces quatre pierres couvertes de
mousse et de gazon, où repose son bien-aimé,
glorieuse victime des combats ! Je suis les pas
errants du barde, blanchi par l'âge, qui, sur

cette vaste plaine , cherche les traces de ses
pères ; hélas ! il ne trouve que leurs tombeaux !
Triste et gémissant , il tourne ses regards vers
la brillante étoile du soir , qui cache ses feux
dans la mer agitée : les temps passés revivent
dans l'ame du héros ; alors cette lueur protec-
trice guidait le brave au milieu des dangers ,
et la lune éclairait le retour de son esquif
couronné par la victoire ! Je lis sur le front du
barde sa douleur profonde ; je le vois délaissé ,
le dernier de sa race, languir et chanceler vers
la tombe ; cependant il puise un plaisir toujours nouveau, un plaisir mêlé d'amertume ,
dans la présence, désormais impuissante, des
ombres de ses ancêtres ; il baisse ses regards
sur la terre insensible, sur l'herbe épaisse qui
la recouvre, et s'écrie : « Il viendra, le voyageur ; il viendra, celui qui me connut dans ma
beauté ; et il demandera : où est le barde , le
noble fils de Fingal? Son pied foule mon tombeau, et vainement il me demande sur la terre! »
O mon ami ! je voudrais, tel qu'un vaillant
écuyer, tirer mon glaive, arracher d'un seul
coup mon prince au tourment d'une vie qui

n'est qu'une longue mort, et envoyer mon
ame aussitôt rejoindre le demi-dieu rendu à
la liberté!

———

~~~~~~~~~~~~~~~~~~~~~~~~~~~~~~~~~~~

LETTRE LXIX.

19 octobre.

Hélas ! quel vide ! quel vide affreux je sens
dans mon sein ! Je pense souvent : si tu pouvais une fois, rien qu'une seule fois, la presser
contre ton cœur, ce vide à l'instant serait rempli.

~~~~~~~~~~~~~~~~~~~~~~~~~~~~~~~~

LETTRE LXX.

26 octobre.

Oui, mon ami, il me paraît certain, de
p'us en plus certain, que l'existence d'une
créature humaine est peu importante, très-peu
importante. Une amie de Charlotte était venue
la voir; je passai dans la chambre voisine; j'y
pris un livre, mais je ne pus lire. Alors je pris
une plume, et j'essayai d'écrire. Je les entendais se parler à voix basse; elles se racontaient
des choses insignifiantes, des nouvelles de la
ville : comment une personne se mariait;
comment une autre était malade, fort malade :
« Elle a une toux sèche, les joues creuses;
elle tombe en faiblesse à chaque instant. — Je
ne donnerais pas deux sous de sa vie, disait
l'une. — M. N*** est très-mal aussi, reprenait
Charlotte.—Il est déjà enflé,» ajoutait son amie.

Mon ardente imagination me transportait aussitôt près du lit de ces infortunés; je voyais
avec quelle répugnance ils quittaient la vie,
quel regret... O mon ami! et ces jeunes femmes
en parlaient, comme on en parle... quand meurt
une personne étrangère. Et lorsque je regarde
autour de moi, que je regarde la chambre,
que je me vois au milieu des robes de Charlotte, des papiers d'Albert, de tous ces meubles
qui me sont devenus aussi familiers que mon
écritoire, je me dis : « Vois ce que tu es aujourd'hui à cette maison! Tout pour tout! tes
amis t'estiment ; tu fais souvent leur joie, et
il semble à ton cœur qu'il ne pourrait battre
sans eux. Et cependant... si tu partais, si tu
t'éloignais de ce cercle, sentiraient-ils, combien de temps sentiraient-ils le vide que ta
perte causerait dans leur destinée! combien de
temps! » Oh! telle est la nature fragile de
l'homme : là même où il a le sentiment et la
conviction de son existence ; là où sa présence
fait une impression vraie sur la pensée, sur
l'ame de ses amis ; là même il faut aussi qu'il
s'efface, qu'il s'évanouisse, et cela si tôt!

══════════════════════════════════

LETTRE LXXI.

27 octobre.

Souvent je serais tenté de me déchirer le sein, de me briser le crâne, en voyant combien peu nous pouvons les uns pour les autres. Hélas! l'amour, la joie, la chaleur, la volupté, que je ne porte pas au dedans de moi, personne ne me les donnera; et, le cœur plein de félicité, je ne puis rendre heureux le mortel froid et sans énergie qui est là devant mes yeux !

———

~~~~~~~~~~~~~~~~~~~~~~~~~~~~~~~~~~~~~

LETTRE LXXII.

Le soir.

J'ai tant de facultés, mais mon sentiment pour elle dévore tout. J'ai tant de facultés; et, sans elle, tout se réduit à rien.

~~~~~~~~~~~~~~~~~~~~~~~~~~~~~~~~~~

LETTRE LXXIII.

3o octobre.

Si je n'ai pas été plus de cent fois sur le point de la saisir, de la serrer dans mes bras ! Dieu le sait, quel est le tourment de voir sans cesse passer et repasser devant soi tant de charmes , sans oser avancer la main ! Ce mouvement est cependant si naturel à l'espèce humaine ! Les enfants ne cherchent-ils pas à saisir tout ce qui frappe leurs sens ? Et moi !....

~~~~~~~~~~~~~~~~~~~~~~~~~~~~~~~

LETTRE LXXIV.

Que de fois je me couche avec le désir, oui,
même avec l'espoir de ne plus me réveiller !
et le matin, j'ouvre les yeux, je revois encore
le soleil, et je suis malheureux ! Oh ! que ne
suis-je attaqué de manie ! que ne puis-je rejeter
la faute sur un tiers, sur le temps, sur une
entreprise manquée ! au moins l'insupportable
fardeau de mes tourments ne reposerait sur
moi qu'à demi. Malheur à moi ! je ne sens que
trop qu'à moi seul est la faute !... Non, pas la
faute ! La source de toute misère est aujour-
d'hui cachée en moi, comme l'était jadis la
source de toute félicité. Ne suis-je pas le même
homme qui nageait autrefois dans une mer de
sensations ravissantes, qui à chaque pas trouvait
un céleste séjour, et dont le cœur plein d'a-

mour aurait embrassé l'univers entier? Et maintenant ce cœur est mort, il n'éprouve plus de
ravissements ! mes yeux sont desséchés ; mes
sens ne sont plus ranimés par des larmes, et
leur angoisse se peint sur mon front sillonné.
Je souffre beaucoup, car j'ai perdu l'unique
charme de mon existence, ce feu sacré, cette
imagination vivifiante qui créait des mondes
autour de moi; elle est éteinte! Lorsque de ma
fenêtre je dirige mes regards sur la colline lointaine, que je vois le soleil levant percer à travers les nuages qui la couvrent, et répandre
ses rayons sur la prairie paisible, tandis que
la rivière serpente doucement parmi les saules
dépouillés de feuilles.... oh! pourquoi cette
belle nature se montre-t-elle à mes yeux, froide,
inanimée, telle qu'une estampe coloriée? Pourquoi toutes ces merveilles ne peuvent-elles tirer
de mon cœur une goutte de félicité qui ranime
mon cerveau desséché ? En présence de Dieu
même, je reste comme une fontaine tarie,
comme un vase fêlé. Souvent je me suis pros-
terné à terre, j'ai demandé des larmes à Dieu,
comme le laboureur invoque la pluie, quand

le ciel est d'airain , et que son champ se des-
sèche.

Mais, hélas ! je le sens, Dieu n'accorde pas
la pluie ni le soleil à nos vœux inquiets : et
ces moments dont le souvenir me tourmente ,
pourquoi étaient-ils si fortunés ? c'est qu'alors
j'attendais avec patience les décrets de l'esprit
divin , et que je recueillais dans mon cœur,
livré tout entier à la reconnaissance , les délices qu'il versait sur moi.

~~~~~~

LETTRE LXXV.

8 novembre.

ELLE m'a reproché mes excès ! hélas ! avec
tant d'amabilité ! mes excès, parce que d'un
verre de vin, je me laisse aller quelquefois
à boire la bouteille entière. « Ne le faites pas,
me dit-elle, pensez à Charlotte ! — Penser !
lui répondis-je : avez-vous besoin de me le re-
commander ? Je pense.... je ne pense pas ! vous
êtes toujours devant mon ame. Aujourd'hui,
je m'assis à l'endroit où dernièrement vous
descendites de voiture.... » Elle parla d'autre
chose, pour ne pas me laisser trop étendre ce
sujet. Mon ami, je n'y suis plus. Elle fait de
moi ce qu'elle veut.

———

~~~~~~~~~~~~~~~~~~~~~~~~~~~~~

LETTRE LXXVI.

Je te remercie, mon ami, pour ton intérêt si cordial, pour tes bons avis, et je t'en prie, tranquillise-toi. Laisse-moi supporter mes maux. Malgré ma pusillanimité, j'ai cependant la force nécessaire pour arriver au terme. Je respecte la religion, tu le sais; je sens qu'elle soutient le mortel harassé de fatigue, qu'elle ranime celui qui languit. Mais peut-elle, doit-elle être ainsi pour tous? Regarde ce vaste univers, tu verras des milliers d'hommes pour qui elle n'a jamais rien été; des milliers pour qui, prêchée ou non, elle ne sera jamais rien. Faut-il donc qu'elle me soit quelque chose? Le fils de Dieu ne dit-il pas lui-même que ceux-là seront avec lui, que son père lui a donnés? Et si je ne lui ai pas été donné, si le père veut me

garder pour lui, comme mon cœur me le dit?...
De grace, ne donne pas à ceci une fausse in-
terprétation ! ne va pas trouver de raillerie
dans ces paroles innocentes ! c'est mon ame
tout entière que je déploie à tes yeux ; sans
cela, j'aurais préféré me taire ; car je n'aime
pas à perdre mes discours sur des matières que
les autres entendent tout aussi peu que moi.
Au fond, quelle est la destinée de l'homme ?
c'est de porter son fardeau, de vider sa coupe.
Et si le Dieu venu du ciel trouva le calice trop
amer pour ses lèvres humaines, pourquoi y
mettrais-je, moi, de l'orgueil, et affecterais-je
de le trouver agréable et doux ? Pourquoi rou-
girais-je de frémir, à ce moment terrible où
tout mon être chancelle, suspendu entre l'existence et le néant ; où le passé brille comme un
éclair sur le sombre abime de l'avenir; lorsque
tout ce qui m'environne est englouti; lorsque
avec moi le monde descend dans la tombe?...
N'est-ce pas la voix de la créature accablée, se
manquant à elle-même, sans cesse entraînée au
dehors, qui, écrasée sous ses vains efforts, s'écrie
désespérée et défaillante : « Mon Dieu ! pour-

quoi m'as-tu abandonnée?» Et serais-je honteux
d'exprimer ce sentiment, à l'instant suprême,
auquel n'a pu se soustraire celui qui replie les
cieux sur eux-mêmes comme une voile?

———

~~~~~~~~~~~~~~~~~~~~~~~~~~~~~~~~~~~~

LETTRE LXXVII.

ELLE ne voit pas, elle ne sent pas qu'elle
prépare un poison qui nous fera tomber tous
deux; et moi, j'avale avec délices cette coupe
qu'elle me présente pour ma perte. Que penser de ce regard bienveillant qu'elle attache
souvent sur moi?... Souvent! Non, pas souvent, mais cependant quelquefois. Que veut
dire cette indulgence qu'elle accorde à l'expression involontaire de mes sentiments, cette
pitié pour mes souffrances, écrite sur son
front?

Hier, au moment où je m'en allais, elle me
tendit la main, et me dit : « Adieu! cher
Werther!... » *Cher* Werther! c'était la première fois qu'elle m'appelait ainsi, et je me
sentis ému jusqu'à la moelle des os. Je me le

suis répété cent fois; et hier soir, au moment
où je me couchais, et tandis que je m'entrete-
nais tout seul avec beaucoup de vivacité, je
me dis tout à coup : Bonne nuit, cher Werther! Je ne pus m'empêcher de rire de moi-
même.

———

LETTRE LXXVIII.

12 novembre.

DANS mes prières, je ne puis demander : « Laisse-la-moi ! » et cependant elle me semble quelquefois m'appartenir. Je ne puis demander : « Donne-la-moi ! » car elle est à un autre. Je m'égare dans mes souffrances ; si je me laissais aller, j'aurais bientôt une litanie complète d'antithèses.

~~~~~~~~~~~~~~~~~~~~~~~~~~~~~~

LETTRE LXXIX.

24 novembre.

Elle sent ce que je souffre. Aujourd'hui
son regard a pénétré jusqu'au fond de mon
cœur. Je la trouvai seule ; je ne disais rien ,
elle me regardait fixement. Je ne voyais plus
en elle cette beauté séduisante , cet esprit fin
et brillant ; tout avait disparu à mes yeux.
J'étais subjugué par ses regards pleins de
l'expression du plus vif intérêt , de la plus
douce pitié. Pourquoi n'osai-je pas me jeter à
ses pieds? Pourquoi n'osai-je pas m'élancer et
lui répondre par mille baisers? Elle eut recours
à son clavecin ; et sa voix flexible et tendre
maria ses accents à l'harmonie des accords. Jamais ses lèvres ne m'avaient paru si ravissantes ;
on eût dit qu'agitées d'un doux frémissement,
elles s'entr'ouvraient pour aspirer chaque son

mélodieux qui s'échappait de l'instrument, et
que répétait l'écho céleste de cette bouche si
pure. Ah! si je pouvais te l'exprimer!... Je ne
pus me contraindre plus long-temps, je m'in-
clinai, et je fis ce serment : « Jamais je ne me
permettrai d'imprimer un baiser sur vous,
lèvres charmantes, où voltigent les esprits du
ciel... » Et cependant... je veux... Ah! vois-tu,
c'est comme un mur de séparation qui s'élève
là devant mon ame... Cette félicité... et puis,
quand on a failli, expier son crime... Son
crime !

~~~~~~~~~~~~~~~~~~~~~~~~~~~~~~~~~

LETTRE LXXX.

26 novembre.

SOUVENT je me dis : ta destinée est unique ; estime tous les autres heureux , jamais encore personne ne fut torturé comme toi. Puis je lis un poète ancien ; et c'est comme si je lisais dans mon propre cœur. J'ai tant à souffrir ! Ah ! peut-il avoir existé avant moi des mortels aussi malheureux !

~~~~~~~~~~~~~~~~~~~~~~~~~~~~~

LETTRE LXXXI.

3o novembre,

Non, je ne reviendrai plus à moi-même !
En quelque lieu que je porte mes pas, je trouve
un fantôme qui me jette hors de moi. Aujour-
d'hui !... ô sort !... ô faible humanité !

J'allais sur le midi me promener au bord
de l'eau ; je n'avais aucune envie de dîner.
Tout était désert. Un vent humide et froid,
comme le vent du soir, soufflait de la montagne ; de sombres nuages chargés de pluie s'a-
moncelaient sur le vallon. De loin j'aperçus
un homme, vêtu d'un mauvais habit vert, qui
se traînait avec peine entre les rochers, et semblait chercher des simples. Comme je m'appro-
chais de lui, il se retourna au bruit que je faisais, et je vis une intéressante physionomie où
dominait une morne tristesse ; elle n'exprimait

d'ailleurs qu'un sentiment de bonté ; ses cheveux noirs étaient rattachés par devant avec
des épingles, en deux boucles; les autres, for-
mant une grosse tresse, lui tombaient sur le
dos. Son costume annonçait un homme de la
classe ordinaire ; je crus qu'il ne s'offenserait
pas si je faisais attention à ce qui l'occupait,
et je lui demandai ce qu'il cherchait. « Je
cherche, me répondit-il avec un profond soupir, je cherche des fleurs... et je n'en trouve
pas.—Aussi n'est-ce pas la saison, lui dis-je
en souriant. — Il y a tant de fleurs, reprit-il
en descendant avec moi; dans mon jardin il y
a des roses, et du chèvre-feuille de deux espè-
ces : l'un m'a été donné par mon père; il croît
aussi vite que la mauvaise herbe; je le cherche déjà depuis deux jours; je ne peux pas le
trouver. Là aussi il y a toujours des fleurs,
jaunes, bleues et rouges, et la centaurée est
encore une jolie petite fleur. Je n'en trouve
aucune. » Je remarquai en lui quelque chose de
mystérieux, et je lui demandai, d'une manière
détournée : « Que vouliez-vous donc faire de
ces fleurs ? » Un sourire singulier vint contrac-

ter ses traits. « Si vous voulez ne pas me tra-
hir, répondit-il en posant un doigt sur sa
bouche, j'ai promis un bouquet à ma belle.
—C'est très-bien fait.—Oh! elle a tant d'autres choses; elle est riche.—Et cependant elle
aime les bouquets.—Oh! elle a des joyaux et
une couronne. — Comment s'appelle - t - elle
donc? — Si les états-généraux voulaient me
payer, je serais un tout autre homme! Oui, il
y eut un temps où je me trouvais si bien!
Maintenant c'est fait de moi, je suis... » Un
regard humide vers le ciel exprima tout.
« Vous étiez donc heureux alors? lui dis-je.—
Ah! je voudrais être encore ce que j'étais : je
me trouvais si heureux, si gai, si léger, comme
le poisson dans l'eau!—Henri! cria une vieille
femme qui venait de la route, Henri! où te
caches-tu? nous t'avons cherché partout; viens
dîner. —Est-ce là votre fils? lui demandai-je
en m'avançant vers elle.—Hélas! c'est mon pauvre fils! répondit-elle. Dieu m'a donné une
croix bien pesante. — Depuis quand est-il
dans cet état? repris-je. — Il est aussi calme
depuis près de six mois. Dieu soit loué de ce

qu'il en est venu là! Auparavant il a été furieux une année entière ; on l'avait enchaîné, dans l'hospice des fous. Maintenant il ne fait de mal à personne ; il a toujours affaire à des rois, à des empereurs. C'était un si bon garçon, si paisible, qui gagnait plus de la moitié de ma subsistance, et qui avait une si belle main! tout à coup il devient pensif, tombe en fièvre chaude, puis en frénésie ; à présent il est comme vous le voyez. Si je vous racontais, monsieur... » J'interrompis ce flux de paroles en lui demandant:«Quelle était donc cette époque qu'il ne cesse de vanter, quand il était si content, si heureux ?—Le pauvre insensé! dit-elle avec un sourire de compassion , il entend par là le temps où il était hors de lui; il le vante toujours, c'est le temps qu'il a passé à la maison des fous, et où il ne savait pas ce qu'il faisait. » Ce fut pour moi un coup de foudre : je lui glissai dans la main une pièce d'argent, et m'éloignai à grands pas.

C'était là que tu étais heureux ! m'écriai-je en marchant avec précipitation vers la ville ; c'était là où tu te trouvais bien, comme le poisson dans l'eau ! Dieu tout-puissant, as-tu réglé ainsi le destin des mortels? ne sont-ils heureux qu'avant de posséder la raison, ou qu'après l'avoir perdue ! Pauvre malheureux ! et cependant, que je t'envie ta mélancolie, l'égarement de tes sens qui te consume ! Plein d'espérance, tu sors pour cueillir des fleurs et faire un bouquet à ta reine... Au cœur de l'hiver... tu t'affliges de ne point en trouver ; tu ne conçois pas comment tu n'en trouves point. Et moi !... et moi je sors sans espérance, sans but , et je rentre comme je suis sorti.... Tu penses avec orgueil à ce que tu serais si les états-généraux te payaient. Heureuse créature ! qui peux attribuer le défaut de bonheur à un obstacle terrestre ! tu ne sens pas que dans ton cœur déchiré, dans ton cerveau troublé gît ta misère, à laquelle tous les rois du monde ne peuvent apporter aucun secours.

Puisse-t-il périr dans le désespoir, celui qui se moque du malade en voyage pour arriver à la source lointaine, qui va augmenter sa maladie et rendre sa mort plus douloureuse !

Puisse-t-il périr, s'il insulte à ce cœur ulcéré,
qui, pour s'affranchir de ses remords, pour
mettre fin à ses souffrances, entreprend un
pélerinage au Saint-Sépulcre! Chaque pas sur
un chemin rude et non frayé qui déchire la
plante de ses pieds est comme une goutte de
baume consolateur sur les plaies de son ame ;
chaque journée de marche allége le poids de
ses tourments. Et vous osez appeler cela *démence*, vous qui parlez à vide, étendu sur le
duvet! Démence !.... ô Dieu! tu vois mes
larmes! Toi qui créas l'homme déjà si misé-
rable, fallait-il lui donner des frères qui le
dépouillent encore dans sa misère, qui lui ra-
vissent ce peu de confiance qu'il a en toi, en
toi qui es tout amour! En effet, la foi dans une
racine salutaire, dans les pleurs de la vigne,
qu'est-ce autre chose que la confiance en toi,
qui, dans tout ce qui nous environne, as répandu
le soulagement et les moyens de guérison dont,
à chaque instant, nous éprouvons le besoin?
Père que j'ignore! père qui jadis remplissais
mon ame, et qui maintenant t'es détourné de
moi! appelle-moi dans ton sein! romps enfin

le silence ! ce silence n'arrêtera pas mon ame
altérée.... Et quel est l'homme, le père, qui
s'irriterait en voyant tomber dans ses bras un
fils inopinément revenu d'un voyage et qui
s'écrie : « Me voici de retour, mon père ! Ne
te fâche pas, si j'abrège la route où d'après
ta volonté j'aurais dû errer plus long-temps. »
Le monde est partout de même ; partout peine
et travail, plaisir et joie ; mais qu'y ferais-je ?
Je ne suis bien que près de toi, et c'est près
de toi que je veux souffrir et jouir.... Et toi,
père céleste et miséricordieux, repousserais-tu
ton fils?

LETTRE LXXXII.

1er décembre.

Mon ami! l'homme dont je t'ai parlé, cet heureux infortuné, était commis chez le père de Charlotte : la passion qu'il conçut pour elle, qu'il nourrit, cacha, découvrit enfin, et qui le fit renvoyer, l'a privé de la raison. Sens par ces simples paroles combien cette histoire m'a bouleversé, lorsque Albert me l'a racontée avec autant d'indifférence que tu en mets peut-être à la lire!

LETTRE LXXXIII.

4 décembre.

JE t'en prie.... Vois-tu, c'est fait de moi ;
je ne puis y tenir plus long-temps. Aujour-
d'hui, j'étais assis près d'elle.... J'étais assis,
elle jouait du clavecin ! des airs de tout genre
avec une expression ! tout !... tout !.... Que
te dirai-je ? Sa petite sœur, assise sur mes
genoux, habillait sa poupée. Les larmes me
vinrent aux yeux. Je me penchai, et son an-
neau de mariage frappa mes regards.... mes
pleurs coulèrent..... Tout à coup elle commença cet air ancien, d'une mélodie si ravissante, au moment où je ne m'y attendais pas :
un rayon consolateur pénétra dans mon ame,
avec le souvenir du passé, de ces temps où
j'entendais cet air, des tristes jours d'intervalle,
des chagrins, des espérances déçues, et puis...

J'allais et je venais dans la chambre, mon
cœur étouffait tous les sentiments qui l'op-
pressaient. « Pour l'amour de Dieu, lui dis-je
en m'adressant à elle d'un ton d'égarement,
pour l'amour de Dieu, cessez ! » Elle s'arrêta
et fixa ses regards sur moi. « Werther, me
dit-elle avec un sourire qui me perça le sein,
Werther, vous êtes bien malade, vos mets
favoris vous répugnent. Allez ! je vous en prie,
calmez-vous ! » Je m'arrachai d'auprès d'elle,
et..... Dieu, tu vois ma misère, et tu la feras
cesser.

~~~~~~

LETTRE LXXXIV.

6 décembre.

COMME son image me poursuit! Pendant
mes veilles, pendant mes rêves, elle remplit
seule mon âme. Ici, quand je ferme à demi
les paupières, ici, dans mon cerveau où se
concentre toute la force du nerf optique, son
œil noir y brille. Ici! je ne puis te l'exprimer.
Si je ferme tout-à-fait les yeux, il est encore
là ; tel qu'un abîme il se présente toujours à
moi, il occupe toutes les facultés de mon en-
tendement.

Qu'est-ce que l'homme, ce demi-dieu si
vanté! Les forces ne lui manquent-elles pas
précisément à l'heure où elles lui seraient le
plus nécessaires? Et qu'il se laisse transporter
par la joie, ou qu'il succombe de douleur, ne
se sent-il pas également retenu, également ra-

mené au triste et froid sentiment de l'existence, lui qui aspiroit à se perdre dans l'im-
mensité de l'infini ?

L'ÉDITEUR AU LECTEUR.

Combien je désirerais qu'il nous restât, sur les derniers jours si intéressants de notre ami, assez de renseignements écrits de sa propre main, pour que je ne fusse pas obligé d'interrompre par des récits la suite des lettres qu'il nous a laissées !

Je me suis appliqué à recueillir les détails les plus exacts, les plus précis, de la bouche même des personnes qui devaient être le mieux instruites de sa vie. Ces détails sont uniformes ; toutes

les relations s'accordent entre elles jusque dans les moindres circonstances.
C'est seulement sur la manière de penser
des personnes intéressées que diffèrent
les opinions, et que les jugements sont
partagés.

Que nous reste-t-il donc autre chose
qu'à raconter fidèlement tout ce que des
recherches pénibles et répétées nous ont
appris; à intercaler dans nos récits les
lettres qui nous sont restées de celui
qui n'est plus, sans dédaigner le plus
petit papier conservé? D'autant plus qu'il
est si difficile de reconnaître la vraie
cause, les véritables ressorts de l'action
la plus simple, lorsqu'elle provient de
personnes qui sortent de la ligne commune.

Le découragement et le chagrin avaient
jeté des racines de plus en plus profondes
dans l'ame de Werther. Ils s'étaient en-
lacés toujours avec plus de force , et peu
à peu ils s'étaient emparés de tout
son être. L'harmonie de ses facultés in-
tellectuelles était entièrement dérangée;
un feu interne et violent qui attaquait
dans tous les sens son énergie naturelle
produisit les effets les plus opposés , et
finit par ne lui laisser qu'un accablement
qui lui livra des combats plus pénibles
encore à soutenir que tous les maux
contre lesquels il avait lutté jusqu'alors.
Les angoisses de son cœur détruisirent
les dernières forces de son ame , la
vivacité , la sagacité de son esprit : il
ne portait plus que la tristesse dans la

société ; toujours de plus en plus malheureux, son injustice croissait avec son
malheur. Au moins c'est ce que disent
les amis d'Albert. Ils soutiennent que
Werther n'avait pas su apprécier un
homme droit et paisible qui, jouissant
d'un bonheur long-temps désiré, n'avait
d'autre but que de s'assurer ce bonheur
pour l'avenir ; lui qui, chaque jour, dis-
sipait toutes ses facultés et ne gardait
pour le soir que souffrance et privation.
Albert, disent-ils, n'avait point changé
en si peu de temps ; il était toujours le
même que Werther avait tant loué, tant
estimé au commencement de leur connaissance. Il chérissait Charlotte par-dessus
tout ; il était fier d'elle ; il désirait que
chacun la reconnût pour l'être le plus

parfait. Pouvait-on le blâmer s'il avait cherché à détourner jusqu'à l'apparence du soupçon ? Pouvait-on le blâmer s'il se refusait à partager avec qui que ce fût un bien si précieux, même de la manière la plus innocente.? Ils conviennent tous que lorsque Werther venait chez sa femme, Albert quittait souvent la chambre : mais ce n'était ni haine ni aversion pour son ami ; c'était seulement parce qu'il avait senti que Werther était gêné par sa présence.

Le père de Charlotte fut attaqué d'un mal qui le retint dans sa chambre. Il envoya sa voiture à sa fille, qui se rendit chez lui. C'était par une belle journée d'hiver ; la première neige était tombée en abondance, et elle recouvrait toute la contrée.

Werther alla rejoindre Charlotte le lendemain matin, pour la ramener chez elle si Albert ne venait pas pour l'accompagner.

Le beau temps fit peu d'effet sur son humeur noire ; un poids énorme oppressait son ame ; de lugubres images le poursuivaient, et son esprit n'éprouvait plus d'autre soulagement que dans la succession alternative de ses idées douloureuses.

Comme il vivait toujours mécontent de lui-même, l'état de ses amis lui semblait aussi plus agité et plus critique ; il crut avoir troublé la bonne intelligence entre Albert et Charlotte ; il s'en fit des reproches auxquels se mêla un ressentiment secret contre l'époux.

En chemin, ses pensées tombèrent sur

ce sujet. « Oui , se disait-il avec une
« rage concentrée , voilà cette relation
« intime, si entière, si dévouée , ce vif
« intérêt, cette foi si constante, si iné-
« branlable ! Ce n'est que satiété et in-
« différence! Chaque affaire, quelque mi-
« sérable qu'elle soit , ne l'occupe-t-elle
« pas plus que cette femme si chère , si
« adorable ! Sait-il apprécier son bon-
« heur? Sait-il estimer au juste ce qu'elle
« vaut? Elle lui appartient , cela lui suffit.
« Elle lui appartient... Je sais cela comme
« je sais tout autre chose ; je croyais être
« fait à cette idée , et elle excite encore
« ma fureur, elle finira par me tuer... Et
« m'avait-il voué une amitié à toute
« épreuve ! Ne voit-il pas déjà une at-
« teinte à ses droits dans mon attache-

« ment pour Charlotte ; dans mes atten-
« tions, un secret reproche ? Je m'en
« aperçois, je le sens, il me voit avec
« peine ; il souhaite que je m'éloigne ; ma
« présence lui pèse. »

Quelquefois il ralentissait sa marche précipitée; quelquefois il s'arrêtait, et semblait
vouloir retourner sur ses pas ; il continua
cependant son chemin : toujours livré à
ces idées, à ces conversations solitaires,
il arriva enfin, presque malgré lui, au
pavillon.

Il entra, et demanda Charlotte et son
père : il remarqua de l'agitation dans la
maison. L'aîné des fils dit qu'il venait
d'arriver un malheur à Wahlheim ; on
avait assassiné un paysan... Ceci ne lui
fit pas grande impression... Il se rendit

au salon, et trouva Charlotte occupée à
dissuader le bailli, qui, sans être retenu
par sa maladie, voulait aller sur les
lieux faire une enquête sur le délit. Le
meurtrier était encore inconnu; on avait
trouvé le cadavre, le matin, devant la
porte : on avait des soupçons ; le mort
était domestique chez une veuve qui,
peu de temps auparavant, en avait eu un
autre à son service, et celui-ci était sorti
de la maison par suite de mécontentement grave.

A ces détails, il se leva précipitam-
ment. « Est-il possible ! s'écria-t-il ; il faut
que j'y aille, je ne puis différer d'un moment. » Il courut à Wahlheim ; bien des
souvenirs se retracèrent vivement à son
esprit : il ne douta pas une minute que

celui qui avait commis le crime ne fût
le jeune homme auquel il avait si souvent parlé, et qui lui était devenu si
cher.

Il fallait passer sous les tilleuls pour
se rendre au cabaret où l'on avait dé-
posé le cadavre. Werther se sentit trou-
bler à la vue de ce lieu jadis si chéri. Le
seuil de la porte, où les enfants avaient
si souvent joué, était souillé de sang.
L'amour et la constance, les plus beaux
sentiments de l'homme, avaient dégénéré
en violence et en meurtre. Les grands
arbres, dépouillés de verdure, étaient
blanchis par le frimas ; les haies vives
qui s'élevaient en cintre sur le petit mur
du cimetière avaient perdu leur feuillage,
et au travers des intervalles on aper-

cevait les pierres sépulcrales couvertes
de neige.

Comme il approchait du cabaret, devant lequel le village entier était rassem-
blé, il s'éleva tout à coup une grande
rumeur. On vit de loin une troupe
d'hommes armés, et chacun s'écria que
l'on amenait le meurtrier. Werther jeta
les yeux sur lui, et il n'eut plus aucune
incertitude. Oui ! c'était bien ce valet de
ferme qui aimait tant cette veuve, et que,
peu de jours auparavant, il avait ren-
contré livré à une sombre tristesse, à un
secret désespoir.

« Qu'as-tu fait, malheureux ? » s'écria
Werther en s'avançant vers le prisonnier. Celui-ci le regarda d'un air tranquille, d'abord sans parler ; il répondit

enfin avec le plus grand calme : « Personne ne l'aura, elle n'aura personne. » On le conduisit au cabaret, et Werther se hâta de s'éloigner.

Tout son être était bouleversé par l'émotion extraordinaire et violente qu'il venait d'éprouver. En un instant il fut arraché à sa mélancolie, à son découragement, à sa sombre apathie. L'intérêt le plus irrésistible au sort du jeune homme, le désir le plus vif de le sauver, s'emparèrent de Werther. Il le sentait si malheureux ; il le trouvait même si peu coupable, malgré son crime ; il entrait si profondément dans sa situation, qu'il regardait comme une chose certaine d'excuser le villageois aux yeux des autres. Déjà il brûlait de parler en sa fa-

veur ; déjà le plaidoyer le plus animé se
pressait sur ses lèvres ; il courait vers le
pavillon , et ne pouvait s'empêcher de
répéter à demi-voix , en chemin , tout ce
qu'il représenterait au bailli.

Lorsqu'il entra dans la salle, il aperçut
Albert : sa présence le déconcerta d'a-
bord ; mais il se remit bientôt , et , avec
beaucoup de feu, il exposa son opinion
au bailli. Celui-ci secoua la tête à plusieurs reprises ; et quoique Werther mît
dans son discours toute la chaleur de la
conviction, et toute la vivacité , toute l'é-
nergie qu'un homme peut apporter à la
défense d'un de ses semblables , cependant, comme on le croira sans peine , le
bailli n'en fut point ébranlé. Il ne laissa
même pas finir notre ami ; il le réfuta

vivement, et le blâma de prendre un
meurtrier sous sa protection : il lui fit
sentir que de cette manière les lois seraient toujours éludées, et que la sû-
reté publique serait anéantie ; il ajouta
que, d'ailleurs, dans une affaire aussi
grave, il ne pouvait rien faire sans se
charger de la plus grande responsabilité ;
il fallait que tout se fît par ordre, et selon
la marche prescrite.

Werther ne se rendit pas encore ; il
se borna maintenant à demander que le
bailli fermât les yeux, si l'on pouvait
faciliter l'évasion du jeune homme. Le
bailli le lui refusa aussi. Albert, qui prit
enfin part à la conversation, exprima la
même opinion que son beau-père : Werther fut réduit au silence ; il s'en alla

navré de douleur quand le bailli lui eut
encore répété plusieurs fois : « Non ,
rien ne peut le sauver ! »

Nous voyons combien il fut frappé de
ces paroles, dans un petit billet que l'on
trouva parmi ses papiers , et qui fut cer-
tainement écrit ce jour-là.

« On ne peut te sauver, malheureux !
Je le vois bien, on ne peut nous sauver. »

———

Ce qu'avait dit Albert en présence du
bailli sur l'affaire du prisonnier avait
singulièrement mortifié Werther : il
croyait y trouver quelque allusion à ses

propres sentiments; quoique, après y avoir
plus mûrement réfléchi, il n'échappât
point à sa sagacité que ces deux hommes
pouvaient avoir raison, il sentait cependant qu'il serait au-dessus de ses forces
d'en convenir.

Nous trouvons dans ses papiers une
note qui a trait à cet événement, et qui
exprime peut-être ses vrais sentiments
pour Albert.

« A quoi me sert de dire, et de me
répéter : il est honnête et bon ? Mais cela
me déchire jusqu'au fond du cœur : je
ne puis être équitable ! »

La soirée étant douce, et le temps

disposé au dégel , Charlotte avec Albert
s'en retournèrent à pied. En chemin elle
regardait çà et là, comme si la société
de Werther lui eût manqué. Albert se
mit à parler de lui ; il le blâma, tout
en lui rendant justice. Il en vint à sa
malheureuse passion , et souhaita qu'il
fût possible de l'éloigner. « Je le souhaite
aussi pour nous, dit-il, et je t'en prie ;
tâche de donner une autre direction
à sa manière d'être avec toi , et de
rendre plus rares ses visites si multi-
pliées. Le monde y fait attention , et je
sais que, dans plusieurs circonstances, on
a déjà parlé. » Charlotte ne dit rien ; Albert parut, avoir senti ce silence , au
moins depuis cette époque il ne fit plus
mention de Werther devant elle ; et si

elle en parlait , il laissait tomber la
conversation , ou la faisait changer de
sujet.

La vaine tentative que Werther avait
faite pour sauver le malheureux villageois était comme la lueur de la dernière étincelle d'une flamme expirante :
il n'en retomba que plus fort dans la
douleur et l'apathie ; il fut surtout hors
de lui , en apprenant qu'on l'appellerait
peut-être en témoignage contre le coupable , qui maintenant avait recours aux
dénégations.

Tout ce qui lui était arrivé de désagréable dans sa vie active ; ses chagrins auprès de l'ambassadeur, tous ses
projets manqués , tout ce qui l'avait

jamais blessé , revint bouleverser son
ame. Il se trouvait par tout cela même
autorisé à l'inaction : il se voyait privé
de toute perspective , et incapable de
reprendre le cours des affaires de la vie
commune. Livré tout entier à ses étranges
sensations, a ses idées noires , il s'abandonnait à une passion sans terme ; et
au milieu de l'immuable uniformité de
ses tristes relations avec un être aimable
et adoré , dont il troublait le repos, il
détruisait sa propre énergie par des
elans sans motif, sans aucun but , et il
s'approchait chaque jour d'une fin déplorable.

Quelques' lettres qu'il a laissées et
que nous insérons ici, sont les preuves
les plus irrécusables de son trouble ,

de son délire, de ses pénibles tourments,
de ses combats, et de son dégoût de la
vie.

LETTRE LXXXV.

12 décembre.

Cher ami, je suis dans le même état où doivent avoir été ces malheureux que l'on croyait possédés de l'esprit infernal. Je me sens quelquefois saisir ; ce n'est pas angoisse, ce n'est pas désir ; c'est une rage interne et inconnue qui menace de me déchirer la poitrine ; qui me serre la gorge ! ô douleur ! ô douleur ! Alors je cours m'égarer au milieu des scènes nocturnes et terribles que nous offre cette saison ennemie de l'homme.

Hier soir, il me fallut sortir. Le dégel était subitement survenu ; j'avais appris que la rivière venait de déborder, que jusqu'à Wahlheim les ruisseaux s'étaient gonflés, et que l'inondation couvrait ma vallée chérie. J'y courus après onze heures : quel effrayant spectacle !

Du haut d'un roc, à la clarté incertaine de la
lune, je voyais des flots écumants s'élancer
sur les champs, les prairies et les haies ; et
l'immense vallée ne formait plus qu'une mer
houleuse agitée par le souffle impétueux des
vents ! Et lorsque la lune reparaissait, lorsqu'elle s'arrêtait sur de sombres nuages, et
que devant moi le fleuve roulait et mugissait,
en réfléchissant cette image imposante et ma-
jestueuse, alors le frisson s'emparait de moi,
et puis encore un désir ! Hélas ! les bras ou-
verts, j'étais au bord de l'abîme et je brûlais
de m'y jeter ! de m'y jeter ! Je me perdais dans
l'idée ravissante d'y précipiter à la fois mes
tourments, mes souffrances ; d'y mugir avec
les vagues ! Oh !... et tu ne pus soulever un
pied de la terre, et mettre fin à tous tes maux !
Mon heure n'est pas encore sonnée ; je le sens !
O mon ami ! avec quel plaisir j'aurais quitté
la forme humaine pour déchirer les nuages
comme l'ouragan, pour soulever les flots ! Ah !
ce sera peut-être un jour l'heureux partage de
celui qui se trouve aujourd'hui resserré dans
une étroite prison !

Quel fut mon chagrin en baissant mes regards sur un point où j'avais reposé avec
Charlotte, à l'ombre d'un saule : après nous
être promenés à la chaleur.... C'était inondé
aussi ! à peine si je reconnus le saule ; ô mon
ami ! et ses prairies, me dis-je, et les environs du pavillon de chasse ! comme tous nos
berceaux sont ravagés par la fureur des torrents. Brillant comme un rayon du soleil, le
passé s'offrit aussitôt à ma vue ; tel un malheureux prisonnier rêve de troupeaux, de
verdure, d'honneurs et de plaisirs ! J'étais
là.... je ne veux pas me blâmer, car j'ai le
courage de mourir..... J'aurais.... me voilà revenu ; me voilà comme la pauvre vieille qui
ramasse du bois sec, et demande à chaque
porte un morceau de pain, pour prolonger
d'un instant encore et soulager sa triste et pénible existence.

LETTRE LXXXVI.

14 décembre.

Qu'est-ce donc, mon ami? j'ai horreur de moi-même ! mon amour pour elle n'est-il pas le sentiment le plus saint, le plus pur, le plus fraternel ? Ai-je senti jamais s'élever dans mon ame un coupable désir ?.... je ne veux pas en jurer.... et maintenant des rêves! Oh ! qu'ils sentaient juste ces hommes qui attribuaient à des puissances surnaturelles des effets si contradictoires! Cette nuit.... je tremble de le dire , je la tenais dans mes bras, je la pressais sur mon cœur, et je couvrais de baisers sans nombre sa bouche frémissante d'amour ; mes yeux nageaient dans l'ivresse des siens. Dieu ! méritai-je d'être puni parce que je trouve encore en ce moment le bonheur dans le vif souvenir de ces brûlants transports ?

Charlotte! Charlotte ! et tout est fini pour
moi ! mes sens se troublent; déjà, depuis huit
jours, je n'ai plus la force de penser ; mes
yeux sont baignés de larmes ; je ne suis bien
nulle part, et partout je suis bien ; je ne demande rien ; je ne souhaite rien ; il vaudrait
mieux pour moi de partir!

Les dernières circonstances avaient encore
fortifié dans l'ame de Werther sa résolution
de quitter ce monde. C'était, depuis son retour près de Charlotte , son unique perspective , sa seule espérance ; il s'était promis cependant de ne point se porter à une action
violente et précipitée; il voulait ne faire ce
pas qu'avec la plus grande conviction et le
plus grand calme.

Son incertitude, ses combats avec lui-même,
paraissent dans quelques lignes, qui, sans doute,
commençaient une lettre à son ami ; le papier
ne porte aucune date.

« Sa présence, sa destinée, l'intérêt qu'elle prend à mon sort, tirent encore les dernières larmes de mon cerveau calciné. »

« Lever le rideau, et passer derrière... voilà tout ! Pourquoi frémir ? pourquoi hésiter ? parce qu'on ignore ce qui se trouve derrière la toile, parce qu'on ne revient jamais, et que c'est le propre de notre esprit de supposer confusion et ténèbres là où nous ne savons pas ce qu'il y a de positif. »

———

Il s'habitua de plus en plus à ces funestes idées, et chaque jour elles lui devinrent plus familières ; son projet fut arrêté enfin irrévocablement ; on en trouve la preuve dans cette lettre à double sens qu'il écrivit à son ami.

———

~~~~~~~~~~~~~~~~~~~~~~~~~

LETTRE LXXXVII.

20 décembre.

Je rends grâce à ton amitié d'avoir si bien
interprété mes paroles. Oui, tu as raison ; il
vaudrait mieux pour moi que je partisse. La
proposition que tu me fais de retourner parmi vous, ne me convient pas tout-à-fait ; je
voudrais, au moins, m'y rendre par un détour,
surtout au moment où nous pouvons espérer
une gelée soutenue et de beaux chemins. Je
suis bien aise aussi que tu veuilles venir me
chercher ; remets seulement ton voyage de
quinze jours, et attends encore une lettre de
moi qui te donne des nouvelles ultérieures.
Il ne faut jamais rien cueillir avant la matu-
rité ; et quinze jours de plus ou de moins font
beaucoup. Je te prie de dire à ma mère qu'elle
prie pour son fils ; et que je lui demande par-

don de tous les chagrins que je lui ai causés.
C'était mon destin d'affliger ceux dont j'aurais
dû faire la joie. Adieu, mon meilleur ami!
que toutes les bénédictions du ciel reposent
sur ta tête! Adieu!

———

Nous ne nous flattons pas de rendre par
nos expressions ce qui se passait à cette époque dans l'ame de Charlotte; quels étaient ses
sentiments à l'égard de son mari, et de son
malheureux ami, quoique par nous-mêmes
nous nous en fassions bien une idée d'après la
connaissance de son caractère; la belle ame
de toute femme sensible s'identifiera avec la
sienne, et elle éprouvera les mêmes sensations.

Ce qu'il y a de certain, c'est qu'elle était
très-décidée à tout faire pour éloigner Werther; si elle hésitait, c'était par une suite des
ménagements que lui dictait l'amitié; elle savait combien cet effort coûterait à Werther,
elle savait qu'il lui serait presque impossible.
Cependant elle fut bientôt forcée de prendre
une détermination: Albert continuait à garder

sur ce sujet le silence qu'elle avait gardé toujours elle-même ; il lui importait d'autant plus de prouver par ses actions combien ses sentiments étaient dignes de ceux de son mari.

Le jour que Werther écrivit à son ami la dernière lettre que nous venons de rapporter était le dimanche avant Noël ; il vint le soir chez Charlotte, et la trouva seule. Elle s'occupait de préparer les joujoux qu'elle destinait à sa jeune famille pour les étrennes. Il parla de la joie qu'auraient les enfants, et de l'époque où il se verrait ravi dans le séjour céleste, lorsque, au moment où il s'y attendait le moins, la porte s'ouvrit et laissa le passage libre à un arbre orné de pommes, de friandises, et éclairé par une quantité de bougies. « Vous aussi, dit Charlotte en cachant son embarras sous un aimable sourire, vous aurez aussi votre cadeau, si vous êtes bien sage ; une petite bougie, et puis quelque chose encore. — Et qu'appelez-vous être bien sage? s'écria-t-il: comment dois-je être! comment puis-je être ? — Jeudi soir, reprit-elle,

c'est la veille de Noël ; les enfants viendront
alors, et mon père avec eux ; chacun aura ce
qui lui est destiné ; venez aussi..... mais pas
avant..... » Werther était interdit. « Je vous
en prie, continua-t-elle, que cela soit ainsi ;
je vous en prie pour mon repos ; cela ne peut
pas durer ainsi, non, cela ne se peut pas. » Il
détourna les yeux de dessus elle, se mit à
marcher à grands pas dans la chambre, en répétant entre les dents : « Cela ne peut pas
durer ! » Charlotte, qui s'aperçut de l'état
violent où l'avaient mis ces paroles, chercha,
par mille questions, à le distraire de ses
pensées ; mais ce fut en vain. « Non, Charlotte, s'écria-t-il, non, je ne vous reverrai plus.
—Pourquoi donc, Werther? reprit-elle ; vous
pouvez, vous devez nous revoir ; seulement,
soyez plus maître de vous ! Oh ! pourquoi êtes-
vous né avec cette langue, avec cet empor-
tement indomptable et passionné que vous
mettez à tout ce qui vous touche ! Je vous en
prie, ajouta-t-elle en lui prenant la main,
soyez maître de vous ! Que de jouissances
vous assurent votre esprit, vos talents, vos

connaissances acquises ! Soyez homme ; rompez ce fatal attachement pour un être qui ne peut rien que vous plaindre ! » Il grinça les dents, et lui jeta un sombre regard. Elle retint sa main. « Un seul moment de calme, Werther, lui dit-elle ; ne sentez-vous pas que vous vous abusez, que vous courez volontairement à votre perte ? Pourquoi faut-il que ce soit moi, Werther ! moi qui appartiens à un autre, précisément moi ! Je crains bien, oui, je crains que ce ne soit cette impossibilité de m'obtenir qui rende vos vœux si ardents ! » Il retira sa main des siennes, et, la regardant d'un œil fixe et mécontent : « C'est bien, s'écria-t-il, c'est très-bien. Cette remarque est peut-être d'Albert ? Elle est profonde ! très-profonde ! — Chacun peut la faire, reprit-elle. N'y aurait-il donc dans le monde entier pas une femme qui pût remplir les vœux de votre cœur ? Obtenez cela de vous-même ; appliquez-vous à la chercher, et je vous jure que vous la trouverez. Depuis long-temps, pour vous et pour nous, je m'afflige de l'isolement où vous vous êtes ren-

fermé. Rappelez vos forces ; un voyage vous
distraira, sans aucun doute. Cherchez un objet digne de votre amour, et revenez alors :
nous jouirons tous ensemble de la félicité que
donne une amitié sincère. »

« On pourrait imprimer votre discours,
dit Werther avec un sourire amer, et le re-
commander à tous les instituteurs. Ah ! Charlotte, encore quelques instants de repos, tout
s'arrangera ! — Eh bien, Werther, ne revenez pas avant la veille de Noël ! » Il voulait
répondre ; Albert entra. On se donna le bon-
soir réciproquement avec un froid de glace :
on se mit à se promener dans l'appartement
d'un air embarrassé. Werther commença un
discours insignifiant, qui fut bientôt fini. Albert fit de même ; puis il interrogea sa femme
sur quelques affaires dont il l'avait chargée ;
en apprenant qu'elles n'étaient pas encore arrangées, il lui dit quelques mots que Werther trouva bien froids et même durs ; il
voulait s'en aller, et il ne le pouvait pas. Il
balança jusqu'à huit heures, et son humeur
ne fit que s'aigrir. Quand on vint mettre le

couvert, il prit sa canne et son chapeau. Albert le pria de rester; mais il ne vit dans cette invitation qu'une politesse insignifiante : il remercia très-froidement, et partit.

Il retourna chez lui, prit la lumière des mains du jeune Fritz, qui voulait l'éclairer, et monta seul à sa chambre. Il sanglotait, parcourait la chambre à grands pas, se parlait à lui-même à haute voix, et d'une manière très-animée. Il finit par se jeter tout habillé sur son lit, où le trouva son domestique lorsqu'il prit sur lui d'entrer à onze heures pour lui demander s'il ne fallait pas lui tirer les bottes. Il y consentit, en défendant au jeune garçon de se présenter le lendemain sans avoir été appelé.

Le lundi 21 décembre, de très-bonne heure, il écrivit à Charlotte la lettre suivante, qui, après sa mort, fut trouvée cachetée sur son secrétaire, et que l'on remit à l'épouse d'Albert. Je la placerai ici par fragments, telle que, d'après les circonstances, il paraît l'avoir écrite :

« J'y suis résolu, Charlotte ! je veux mou-

rir, et je te l'écris, sans aucune exaltation
romanesque, de sang-froid, le matin même du
jour où je te verrai pour la dernière fois.
Quand tu liras ces mots, la froide tombe aura
déjà recouvert les restes inanimés de l'infortuné
qui ne connaît pas de plaisirs plus doux, pour
les derniers moments de sa vie, que de s'en-
tretenir avec toi. J'ai passé une nuit effroyable;
mais c'est aussi une nuit bienfaisante : elle a
fixé, affermi ma résolution : je veux mourir!
Quand je m'arrachai hier d'auprès de toi, dans
l'affreux tumulte de mes sens, l'existence déplorable et désespérée que je traîne à tes côtés
glaça d'un froid mortel mon cœur oppressé. Je
pus à peine arriver jusqu'à ma chambre ; hors
de moi, je me jetai à genoux, et du dagnas, ô
mon Dieu, m'accorder pour dernier soulagement un torrent de larmes amères ! Mille idées,
mille projets confus agitaient mon âme ; et
enfin elle y resta inébranlable, cette dernière
et seule pensée : je veux mourir ! Je me cou-
chai, et ce matin, dans le calme du réveil,
elle est encore là, toujours énergique et ferme :
je veux mourir! Ce n'est pas le désespoir, c'est

la certitude que ma carrière est remplie , et
que je me sacrifie pour toi ! Oui , Charlotte ,
pourquoi voudrais-je le taire ? Il faut qu'un de
nous trois périsse , et je veux que ce soit moi :
ô mon amie ! dans ce cœur déchiré s'est souvent glissé le désir furieux... d'immoler ton
mari !.. toi !... moi !... qu'il en soit donc ainsi !
Quand tu graviras la montagne , dans une
belle soirée d'été , souviens-toi de moi ; rap-
pelle-toi combien de fois je parcourus la vallée,
puis tourne tes regards vers le cimetière ; que
tes yeux y cherchent ma tombe ; ils verront , à
la lueur du soleil couchant , comme les vents
y balancent l'herbe élevée ! J'étais calme en
commençant, et voilà que je pleure comme un
enfant , frappé des vives images dont je m'entoure. »

Vers dix heures, Werther appela son domestique , et pendant sa toilette , il lui dit
qu'il fallait mettre les habits en ordre et préparer les malles pour partir dans quelques jours.
Il lui ordonna aussi de demander les mémoires
des marchands , de reprendre quelques livres
donnés en lecture, et de payer deux mois

d'avance à plusieurs pauvres qui recevaient de
lui une aumône chaque semaine.

Il se fit apporter à manger dans sa chambre,
et, après dîner, il monta à cheval pour se
rendre chez le bailli, qu'il ne trouva pas. Il
se promena dans le jardin d'un air pensif :
il semblait vouloir porter encore une fois tout
le poids des souvenirs les plus accablants.

Il ne put y rester long-temps en repos. Les
enfants le poursuivirent en sautant autour de
lui, et en lui racontant que lorsque demain,
et puis encore demain, et puis encore un autre
jour seraient passés, ils recevraient leurs étrennes de Charlotte ; et ils lui racontèrent toutes
les merveilles que se promettait leur petite
imagination. « Demain, s'écria-t-il, et puis encore demain, et puis encore un jour ! » Il les
embrassa tous tendrement, et il cherchait à
s'en aller quand le plus petit voulut encore
lui dire quelque chose à l'oreille. L'enfant lui
confia que ses grands frères avaient écrit de
beaux compliments de nouvelle année, sur de si
grandes feuilles ! qu'il y en avait un pour papa,
un pour Albert et Lolotte, et un aussi pour

M. Werther, et qu'on les présenterait de grand
matin le jour de l'an. Il se sentit abattu; il leur
donna de petits cadeaux à chacun, remonta à
cheval, les chargea de saluer leur père de sa
part, et éloigna les larmes aux yeux.

A cinq heures, il revint chez lui, dit à la
servante d'avoir soin du feu, et de l'entrete-
nir jusque dans la nuit. Il donna ordre à son
domestique d'emballer ses livres et son linge,
et d'arranger ses habits dans sa malle. C'est
vraisemblablement alors qu'il écrivit le passage
suivant de sa dernière lettre à Charlotte :

« Tu ne m'attends pas ! tu crois que j'obéirai,
que je ne te reverrai que la veille de Noël. O
Charlotte ! aujourd'hui ou jamais ! La veille de
Noël, tu tiendras ce papier à la main, tu fré-
miras, tu le mouilleras de tes larmes précieuses.
Je le veux, je le dois ! Oh ! que cela me fait du
bien de m'être décidé ! »

Charlotte se trouvait cependant alors dans
une position très-embarrassante. Son dernier
entretien avec Werther la mettait en état de
sentir à quel point elle aurait de la peine à se

séparer de lui ; elle concevait tout ce qu'il
souffrirait, s'il devait s'éloigner d'elle.

Elle avait dit, comme en passant, en présence de son mari, que Werther ne reviendrait
point avant la veille de Noel ; et Albert était
monté à cheval pour aller chez un employé du
voisinage terminer une affaire qui devait le
retenir jusqu'au lendemain.

Charlotte était seule, n'ayant personne de
sa petite famille auprès d'elle. Elle s'abandonna
tout entière à ses pensées, qui erraient tranquillement sur sa situation. Elle se voyait liée
pour la vie à l'homme dont elle connaissait l'a-
mour et la fidelité, à qui son cœur s'était dévoué ; à un homme dont le caractère paisible
et solide paraissait formé par le ciel pour assurer le bonheur d'une femme sage : elle sentait
ce qu'un tel epoux serait toujours pour elle et
pour sa jeune famille. D'un autre côté, Werther lui était devenu si cher, et, dès le premier
instant de leur connaissance, la sympathie entre
eux s'était si bien manifestée, leur longue liaison avait amené tant de rapports intimes, que
son cœur en avait reçu des impressions ineffa-

çables. Elle était accoutumée à partager avec
lui toutes les sensations et les pensées qui jettent de l'intérêt sur la vie, et son départ la
menaçait de creuser dans tout son être un vide
qu'elle ne pourrait plus remplir. Oh! si elle
avait pu dans cet instant le changer en un
frère, combien elle eût été heureuse!... S'il y
avait eu moyen de le marier à une de ses amies,
si elle avait pu espérer de rétablir entièrement
la bonne intelligence entre Albert et lui!

Sa pensée avait fait la revue de tout le cercle
de ses amies; dans chacune d'elles il y avait
quelque chose à redire, et il ne s'en trouva aucune qui parût digne de Werther.

Au milieu de toutes ces considérations, elle
finit par sentir profondément, sans oser se l'a-
vouer, que le désir secret de son âme était de
le garder pour elle-même, tout en se répétant
qu'elle ne pouvait, qu'elle ne devait pas le garder. Son humeur sereine et heureuse, si légère
et souvent si facile, reçut l'empreinte d'une
morne mélancolie qui n'entrevoyait plus la perspective du bonheur. Son cœur était oppressé,
et un sombre nuage couvrait ses yeux.

Il était six heures et demie lorsqu'elle entendit Werther monter l'escalier; elle reconnut à
l'instant ses pas, et la voix qui la demandait.
Comme son cœur battit vivement à son approche, et peut-être pour la première fois ! Elle
aurait volontiers fait dire qu'elle n'y était pas;
et, quand il entra, elle lui cria avec une espèce d'égarement passionné : « Vous ne m'avez
pas tenu parole. — Je n'ai rien promis, fut
sa réponse. — Au moins auriez-vous dû avoir
égard à ma prière; je vous l'avais demandé pour
notre tranquillité commune. »

Elle ne savait que dire ni que faire, quand
elle envoya inviter plusieurs de ses amies, pour
ne pas se trouver seule avec Werther. Il posa
quelques livres qu'il avait apportés, et en demanda d'autres. Tantôt elle souhaitait voir arriver ses amies, tantôt qu'elles ne vinssent pas.
La fille qu'elle avait envoyée revint, et rapporta
la réponse de ces dames, qui priaient Charlotte d'agréer leurs excuses.

Elle voulait d'abord faire rester cette fille
avec son ouvrage dans la chambre voisine, et
puis elle changea d'idée. Werther se prome-

nait à grands pas : elle se mit à son clavecin,
et voulut jouer un menuet ; mais ses doigts
s'y refusèrent. Elle se recueillit, et vint s'asseoir d'un air tranquille près de Werther, qui
avait pris sa place accoutumée sur le canapé.

« N'avez-vous rien à lire ? » dit-elle. Il n'a-
vait rien. « Ici, dans mon tiroir, continua-
t-elle , est votre traduction de quelques chants
d'Ossian ; je ne l'ai point encore lue, puisque
j'espérais de vous l'entendre lire vous-même ;
mais cela n'a jamais pu s'arranger. » Il sourit ,
et alla chercher son cahier : un frisson le saisit en y portant la main, et ses yeux se remplirent de larmes quand il l'ouvrit ; il se rassit
et lut (1) :

(1) On n'a pas cru devoir donner les *Chants de Selma*
d'après la version poétique et harmonieuse de l'auteur
allemand. On s'est rapproché de l'original , soit en
faisant usage du travail de Macpherson , soit en con-
sultant la belle édition d'Ossian , publiée par la Société
écossaise de Londres , en 1807 , en 3 vol. in-8° , qui
contiennent le texte gaélique accompagné d'une traduction latine littérale.

(*Note du traducteur.*)

« Etoile radieuse, compagne de la nuit, toi qui lèves ton front au-dessus des nuages et imprimes sur la colline tes pas majestueux, que regardes-tu dans la plaine? L'aquilon est muet, la cascade murmure faiblement dans le lointain, et les vagues viennent expirer au pied de la roche escarpée. L'insecte du soir, porté sur ses ailes fragiles, fait retentir à peine son triste bourdonnement. Tes clartés s'obscurcissent au bord de l'horizon; tu descends au sein des flots qui baignent l'or de ta chevelure. Adieu, astre charmant! Que mon génie se rallume, et qu'à ta vive lumière succède la flamme qui anime l'esprit d'Ossian.

« Il renaît dans sa force première; je vois se rassembler encore mes amis qui ne sont plus. Sur le Mora, Fingal s'avance comme un pâle météore; ses héros sont autour de lui. Je revois les bardes aux chants immortels! Voici Ullin à la chevelure d'argent, voilà le majestueux Ryno; là est Alpin à la voix harmonieuse, ici la plaintive et tendre Minona. O mes amis! que vous êtes changés depuis les jours de fête, où Selma nous voyait combattre

pour la palme du chant, pareils aux zéphyrs
harmonieux de la riante saison, qui caressent
une onde pure et agitent le gazon naissant !

« Ce fut un de ces jours qu'on vit s'avancer
Minona dans toute sa beauté ; ses regards
étaient baissés vers la terre, ses yeux remplis
de larmes ; ses cheveux épars flottaient, ba-
lancés par le souffle qui descendait de la colline. La tristesse accablait nos guerriers, quand
ils entendaient sa voix ; ils avaient souvent vu
la tombe de Salgar et la demeure de Colma au
sein de neige. Colma errait sur la montagne,
seule avec sa voix mé[...] Salgar avait
promis de venir la rejoindre avant la fin du
jour ; mais déjà la nuit étendait ses voiles.
Écoutez la tendre voix de Colma, lorsqu'elle
était assise sur la colline solitaire.

COLMA.

« Partout règne la nuit ; je suis seule sur la
colline des tempêtes. Le vent souffle avec fureur sur les montagnes, le torrent mugit sous
mes pieds. Pas un asile qui me protége contre
la pluie; je suis abandonnée sur la colline des
tempêtes.

« O lune, sors du sein de tes nuages! Paraissez, étoiles nocturnes, paraissez, et que vos rayons me guident vers mon amant, qui se repose des fatigues de la chasse, entouré de ses chiens fidèles. Faut-il que je reste seule ici, sur le rocher tapissé de mousse qui se penche sur le ruisseau ? L'onde et le vent répondent à ma douleur ; je ne puis entendre la voix de mon bien-aimé.

« Pourquoi Salgar, pourquoi le fils de la colline a-t-il oublié sa promesse ? Voilà le roc et l'arbre, témoins de tes serments. Où es-tu allé, mon Salgar? Avec toi je voulais fuir loin de mon père, et loin de mon frère altier. Ta famille et la mienne depuis long-temps sont désunies; mais nous, Salgar, nous ne sommes pas ennemis!

« Vents, retenez votre haleine! ruisseau, suspends ton cours! que ma voix retentisse dans la bruyère, et parvienne jusqu'à mon amant égaré. Salgar! c'est moi qui appelle. Voici l'arbre, et voici le roc. Salgar! me voici: pourquoi tardes-tu à venir?

« La lune paraît enfin ; les flots brillent dans

la vallée ; les rochers blanchissent. Mais je ne
le vois pas sur le sommet de la colline ; ses
chiens ne m'annoncent pas son approche. Il
faut que je reste seule ici !

« Qu'ai-je aperçu devant moi sur la bruyère?
Est-ce mon amant? Est-ce mon frère? O mes
amis! répondez-moi. Ils se taisent! Mon ame
*t déchirée par la crainte. Hélas! ils sont
,orts! Leurs glaives sont rougis de sang! O
mon frère! mon frère! pourquoi as-tu frappé
Salgar? Pourquoi, ô Salgar! as-tu frappé mon
frère? Tous deux vous m'étiez chers! Que
dirai-je à votre gloire? Tu étais beau entre
mille sur la montagne ; il était redoutable dans
les combats. Écoutez ma voix, fils de mon
amour! Mais, hélas! ils se taisent pour toujours! Leur sein est froid comme la terre!

« Ombres des morts, du sommet de la montagne orageuse, parlez, parlez-moi! Je ne fré-
mirai point. Où êtes-vous? Dans quel antre
pourrai-je vous trouver? Pas une faible voix
ne m'arrive sur l'aile des vents, pas une réponse à demi étouffée dans les tempêtes.

« Je suis seule avec ma douleur, j'attends

le matin dans les larmes. Amis des morts, creusez la tombe qui doit me réunir à eux : je viendrai bientôt me cacher dans ses flancs. Ma vie s'évanouit comme un songe ; pourquoi voudrais-je différer mon départ ? Je veux habiter, avec mes amis, au bord des ondes qui retentissent dans leur chute. Quand la nuit versera ses ombres au sein des collines, quand le souffle du ciel agitera la bruyère, je viendrai sur les ailes des vents de pleurer la mort de ceux que j'aimais. Le chasseur tremblant et charmé m'entendra de sa cabane de feuillage ; il aimera ma douce voix, quand je pleurerai dans les ténèbres mes amis si chers à mon cœur ! »

« Tels furent tes chants, tendre Minona, fille de Thormas ! et une aimable rougeur couvrait ton front. Nos larmes coulèrent pour Colma.

« A son tour Ullin s'avança et fit entendre les chants d'Alpin. La harpe du vieux Alpin ne résonnait plus dans Selma. Déjà il habitait la tombe, avec Ryno, dont l'âme fut jadis un rayon flamboyant. Ullin, un jour, revenait de la chasse avant que les héros ne fussent tombés. Il entendit sur la montagne leurs voix douces et plaintives qui déploraient la chute de Morar, le premier des mortels. L'ame de Morar était comme l'ame de Fingal, son épée comme l'épée d'Oscar. Il tomba, et son père gémit ; et les yeux de Minona, sa sœur, se remplirent de larmes. Quand Ullin nous redit ces chants funèbres, Minona se retira craintive ; telle que la lune qui fuit vers l'occident, et va cacher sa belle tête dans l'épais brouillard, quand elle prévoit les pluies orageuses.

« La harpe résonna sous mes doigts, et Ullin fit entendre ses chants de douleur.

RYNO.

« Le ciel est pur. l'air est calme, et les nuages s'étendent en réseaux lumineux. Le soleil éclaire, en fuyant, les vertes collines, et la pourpre de ses feux colore le ruisseau qui roule ses eaux dans la vallée. J'aime ton doux murmure, ô rapide ruisseau ! mais je préfère encore la douce voix d'Alpin.

« Alpin, toi dont l'age a courbé la tête, et dont l'œil creux est rouge de pleurs ; Alpin, chantre sublime, pourquoi es-tu seul sur la colline ? Pourquoi gémis-tu comme le vent emprisonné dans le feuillage, comme le flot qui vient mouiller une rive déserte?

« O Ryno, mes pleurs sont pour les morts; ma voix est pour les habitants de la tombe. Jeune homme, tu es beau et majestueux sur la colline; on t'admire parmi les enfants de la plaine! Mais tu tomberas comme Morar, et nous irons nous asseoir et pleurer sur ton lit funèbre. Les collines ne te reconnaîtront plus; ton arc détendu reposera sur la terre.

« Morar, léger comme le chevreuil de la montagne, terrible comme le météore brûlant, ton courroux était comme la tempête; ton glaive, dans les batailles, brillait comme l'éclair au sein des nuages. Ta voix était comme un torrent après la pluie, comme le tonnerre sur les collines. Que d'ennemis ont disparu au souffle de ta colère!

« Mais quand la victoire avait couronné tes armes, que ton regard était doux! Ton visage était comme le soleil après la tempête, comme la lune dans le silence de la nuit; calme comme la surface du lac, quand le vent a cessé de souffler.

« Qu'elle est étroite aujourd'hui ton obscure demeure ! En trois pas je mesure l'espace qui te renferme, toi qui fus si grand ! Quatre pierres couvertes de mousse, un arbre effeuillé, un gazon qui frémit quand le vent l'agite, voilà tout ce qui indique au chasseur le tombeau du puissant Morar. Morar ! que ta chute est déplorable ! Tu n'as pas de mère pour te pleurer, tu ne recevras point de larmes d'amour de la jeune fille : elle est morte, celle qui t'a donné le jour, elle est tombée la fille de Morglan.

« Mais quel est ce vieillard, courbé sur son bâton noueux? L'âge et le malheur ont flétri ses traits et blanchi sa tête; ses yeux sont rouges de larmes; il vacille à chaque pas. C'est ton père, ô Morar! ce père qui n'avait d'autre fils que toi. Le bruit de ta vaillance dans les combats charmait son cœur. Il n'a pu voir le coup mortel qui t'a frappé. Pleure, ô père de Morar! ton fils ne t'entend point; le sommeil des morts est profond, et profonde est la

poussière où repose leur tête. Il n'entendra
plus ta voix, il ne se réveillera plus à tes cris.
La lumière du matin ira-t-elle ouvrir les yeux
de celui qui sommeille, et lui dire : *Éveille-toi?*

« Adieu, toi le plus brave des héros au
champ de la gloire! adieu, intrépide vain-
queur. Les campagnes ne te verront plus, la
forêt ne sera plus éclairée de l'éclat de ton ar-
mure. Tu n'as pas laissé de fils, mais les
chants des bardes conserveront ton nom : ta
gloire sera connue des siècles futurs; nos
hymnes rediront le nom de Morar moissonné
dans les combats. »

« On entendit éclater la douleur de tous les
guerriers; mais Armin surtout, ne put retenir ses douloureux sanglots. L'image d'un fils,
tombé jeune encore, se retrace au souvenir
du vieillard. « Pourquoi, lui dit Carmor, pourquoi toujours des soupirs et des larmes? Armin, que les chants et l'harmonie soient pour
ton ame comme la douce vapeur qui s'élève
du lac ; elle se répand sur les fleurs et les ranime quand le soleil a reparu dans tout son
éclat. Ne sois plus si triste, ô Armin ! toi qui
règnes sur Gorma qu'environnent les flots.»

ARMIN.

« O Carmor, combien elle est cruelle, cette cause de ma tristesse ! Tu n'as point perdu de fils, tu n'as point perdu de fille dans la fleur de la beauté. Ton vaillant Colgar respire ; elle respire, ton Anira, la plus belle des vierges. Tu vois fleurir les rejetons de ta race ; mais Armin est le dernier de son sang. O Daura, ô ma fille ! de quel sommeil tu dors sur ta couche profonde et sombre ! Quand t'éveilleras-tu avec tes chants mélodieux, avec ta voix charmante ?

« Vents fougueux, levez-vous, soufflez sur la bruyère ! tempêtes, rugissez dans la forêt, sur la cime des chênes ! ô lune, montre par intervalles ton disque languissant et pâle. Rappelez à mon esprit cette nuit sinistre où tous mes enfants me furent ravis, où le puissant Arindal tomba sur le rivage, où s'éteignit l'aimable Daura.

« Daura, ma fille ! tu étais belle comme l'astre des nuits sur les collines de Fura, blanche comme la neige enlevée par les vents, douce comme le souffle du matin. Arindal !

ton arc était redouté, l'ennemi connaissait ta
lance rapide; ton regard était comme l'orage
sur les flots, ton bouclier une nue enflammée.

« Armar, noble guerrier, rechercha l'amour
de Daura et fut bientôt aimé : l'espoir brillait
aux yeux de leurs amis.

« Érath, fils d'Odgal, frémissait de fureur :
son frère avait péri sous les coups d'Armar. Il
emprunte les vêtements d'un matelot dont la
chevelure semblait blanchie par l'âge ; il laisse
sa barque à flot ; ses traits étaient graves et
sérieux. « O la plus belle des femmes, dit-il,
fille aimable d'Armin ! non loin d'ici, dans la
mer, s'élève un roc ou croît un arbre aux
fruits couleur de pourpre : c'est là qu'Armar
attend sa Daura : je viens pour t'y porter sur
les vagues ondoyantes. »

« Elle s'y rendit, elle appela son bien-aimé
Armar. L'écho seul lui répondit. « Écoute,
Armar, mon amour ! fils d'Arnath ! prends
pitié de ma terreur ! entends la voix de
Daura ! »

« Érath, le traître, fuit vers la terre, et
les rivages retentissent de son ris moqueur.
Daura pousse des cris vers son père , vers son

frère : « Arindal ! Armin ! personne pour sauver Daura ! »

« Sa voix traversa la mer. Arindal, mon
fils, descendait de la montagne ; son front
brillait encore de toute l'ardeur de la chasse ;
les dépouilles des monstres des forêts char-
geaient ses membres vigoureux ; ses flèches
résonnaient à son côté : sa main tenait l'arc :
cinq dogues d'un gris noirâtre l'accompa-
gnaient. Il voit le féroce Érath, déjà revenu
sur le bord ; il l'atteint, le saisit, et, avec
des liens de peau, l'attache à un chêne ;
Érath, étroitement serré, jette des cris lamen-
tables.

« Arindal s'élance dans l'esquif et brave les
flots pour ramener Daura au rivage. Armar
survint, attiré par les cris de Daura, et, dans
son courous, il décocha la flèche aux plumes
légères. Elle siffla, elle se plongea dans le
cœur d'Arindal ! O mon fils ! tu tombas percé
du coup destiné à Érath ! La rame s'arrêta, et
tu vins expirer sur ce rocher. Quelle est ta
douleur, ô Daura ! quand le sang de ton frère
coule à tes pieds !

« La barque est brisée en éclats. Armar se
jette à la nage pour sauver sa Daura, ou périr.
Un vent impétueux retentit dans les airs et
agite les flots : Armar plonge et ne reparaît
plus !

« Seule, sur le rocher battu des vagues, ma
fille s'abandonne au désespoir. Ses cris étaient
aigus, et son pere ne pouvait la secourir !
Toute la nuit je les entendis ; toute la nuit je
restai sur le rivage ; je la voyais à la clarté de
la lune. Les vents étaient déchaînés, et la
pluie tombait par torrents.

« Avant le matin, sa voix était faible et se
perdait comme le souffle du soir parmi l'herbe.
Ma fille mourut, et te laissa seul, Armin ! Ma
force dans la guerre n'est plus : ma gloire est
évanouie.

« Chaque fois que la tempête descend de la
montagne, chaque fois que le vent du nord
soulève les flots, je m'assieds sur la rive et je
contemple ce funeste rocher. Souvent, au
coucher de la lune, je vois paraître les ombres de mes enfants. Au travers des vapeurs

de la nuit, je les aperçois à peine, toujours errantes, et je crois les entendre gémir. »

Un torrent de pleurs qui s'échappa des yeux de Charlotte, et soulagea son cœur oppressé, interrompit la lecture de Werther. Il lui prit la main, en jetant le manuscrit, et versa des larmes amères. Charlotte s'appuyait sur l'autre bras, et cachait son visage dans son mouchoir. Leur émotion était à son comble. Ils sentaient leur propre infortune dans le destin des nobles Calédoniens; ils le sentaient et pleuraient ensemble. Les lèvres et les yeux de Werther dévoraient le bras de Charlotte : saisie d'un frisson accablant, elle voulut s'éloigner; mais la force magique de la douleur et de la pitié la tenait enchaînée. Elle s'efforçait de prendre haleine, elle suffoquait, et, d'une voix céleste, elle pria, conjura Werther de continuer. Il tremblait, son sein voulait s'ouvrir; il ramassa le papier, et lut en sanglotant :

« Douce haleine du printemps, pourquoi m'éveilles-tu ? ton souffle me caresse en distillant sur moi la rosée; mais le temps vient

où je vais me faner ; l'orage s'approche , il va
me dépouiller de mes feuilles. Demain le
voyageur qui m'a vu dans ma beauté me
cherchera dans la plaine ; il me cherchera, et
il ne me trouvera plus. »

L'infortuné jeune homme fut accablé de
tout le poids de cette application. Il se jeta
aux pieds de Charlotte, égaré par le désespoir,
s'empara de ses mains, les pressa sur ses yeux,
contre son front : elle sentit se glisser dans son
ame un pressentiment de l'affreux projet qu'il
avait conçu ; troublée à l'excès, elle lui prit
la main, la serra contre son sein ; dans sa
douloureuse émotion elle se pencha vers lui,
et leurs joues brûlantes se touchèrent. Le
monde disparut à leurs yeux. Il l'entoura
de ses bras, la pressa sur son cœur, et
couvrit ses lèvres tremblantes de baisers de
feu. *Werther!* lui disait-elle d'une voix
étouffée en se détournant, *Werther!* et sa
faible main repoussait sa poitrine collée sur
la sienne. *Werther!* s'écria-t-elle enfin du
ton ferme et imposant que donnent les sen-
iments les plus nobles. Il ne résista point, la

laissa échapper de ses bras, et se jeta comme
un insensé à ses pieds. Elle s'élança, et dans
une agitation inexprimable, tremblante d'a-
mour et de colère, elle lui dit : « C'est pour la
dernière fois, Werther ; vous ne me reverrez
plus ! » Elle jeta un regard plein d'amour sur
l'infortuné, et courut s'enfermer dans la chambre voisine. Werther, toujours hors de lui, éten-
dit les bras vers elle, et n'osa pas la retenir. Il
était étendu à terre, la tête appuyée sur le
canapé, et il resta plus d'une demi-heure dans
cette position, jusqu'à ce qu'un bruit qu'il entendit le rappela à lui-même. C'était une servante qui venait mettre le couvert. Il parcourut
la chambre dans tous les sens, et quand il se
retrouva seul, il s'approcha de la porte du
cabinet, et dit à voix basse : « Charlotte,
Charlotte ! un mot, encore un seul mot ! un
adieu ! » Elle garda le silence. Il attendit, sup-
plia et attendit encore. Enfin il s'arracha de
cette porte en criant : « Adieu, Charlotte,
c'est pour toujours ! adieu ! »

Il vint à la porte de la ville. Les gardes,
accoutumés à le voir, le laissèrent entrer sans

rien lui dire. Il régnait un vent de bise accompagné de neige et de pluie; ce ne fut que vers
onze heures qu'on l'entendit frapper à la maison. Son domestique remarqua qu'il était sans
chapeau. Fritz n'osa pas le lui dire, et le
deshabilla. Tous ses vêtements étaient mouil-
lés. Depuis, on trouva son chapeau sur un rocher qui, du haut de la montagne, plonge
dans la vallée; il est inconcevable que Werther
ait pu le gravir, au milieu d'une nuit obscure
et brumeuse, sans se précipiter dans l'abîme.

Il se coucha et dormit long-temps. Le domestique le trouva occupé à écrire, lorsque,
sur sa demande, il lui apporta son café le lendemain matin. Il ajouta le passage suivant à sa
lettre pour Charlotte.

————

« Pour la dernière fois donc, pour la dernière fois j'ouvre les yeux. Hélas! ils ne rever-
ront plus le soleil; un jour sombre et nébu-
leux le cache. Oui, prends le deuil, ô nature!
ton fils, ton ami, ton admirateur avance vers
sa fin. Charlotte! c'est un sentiment unique, et
dont approchent le plus les illusions d'un songe

incertain, que de se dire : voici le dernier
jour ! le dernier ! Charlotte, je ne puis atta-
cher un sens à ce mot, le dernier ! Ne suis-je
point là dans toute ma force ? et demain ina-
nimé, je dormirai sur la terre. Mourir ! que
signifie cela ? Vois-tu, nous rêvons lorsque
nous parlons de la mort. J'ai vu mourir plusieurs personnes; mais telles sont les bornes im-
posées à l'espèce humaine, qu'elle n'a point
d'idée du principe et de la fin de son existence.
Actuellement, encore à moi ! à toi ! à toi ! ô ma
bien-aimée ! et dans un instant....... arraché,
séparé.... peut-être pour toujours ! ... Non,
Charlotte, non !..... Comment puis-je être
anéanti ? comment peux-tu être anéantie ?.....
Nous existons, oui, nous existons ! Anéantir !
Qu'est-ce encore ? Un vain mot ! un son vide !
il ne produit rien sur mon cœur !.... Mort,
Charlotte ! descendu dans le sein d'une terre
froide, réduit à un espace si étroit, si téné-
breux !.... J'eus autrefois une amie, qui était
tout pour ma frêle jeunesse : elle mourut ; je
suivis son convoi. J'étais au bord de la fosse
quand on y descendit le cercueil ; j'entendis le

frottement des cordes qu'on lâchait et qu'on
retirait ensuite; on jeta la première pelletée de
terre; le cercueil rendit un son étouffé et toujours plus étouffé, jusqu'à ce qu'il fut entièrement recouvert. Je tombai près de la fosse....
ému, ébranlé, oppressé; l'intérieur de mon
sein était déchiré; mais j'ignorais ce qui m'arrivait..... ce qui m'arrivera..... Mourir! tombeau! je ne puis comprendre ces mots!

« Oh! pardonne-moi! pardonne-moi! Hier,
j'aurais voulu que ce fût le dernier instant de
ma vie! Femme angélique! pour la première
fois, oh! oui, pour la première fois, ce sentiment délicieux pénétra tout mon être. Elle
m'aime! elle m'aime! Il brûle encore sur mes
lèvres, ce feu sacré qui découlait des tiennes;
un nouveau délire enflamme mon cœur. Pardon! pardon! Ah! je savais que tu m'aimais;
je l'ai su dès le premier regard, où se peignit
ton ame, dès la première fois que ma main
pressa la tienne : et cependant, lorsque je
t'avais quittée, quand je voyais Albert à tes
côtés, je me livrais de nouveau à des doutes
qui me mettaient hors de moi.

« Te souviens-tu de ces fleurs que tu m'en-
voyas lors de cette fatale assemblée où tu ne
pus m'adresser une parole, où tu ne pus me
tendre la main ? oh ! j'ai passé la moitié de la
nuit, agenouillé devant elles; ces fleurs étaient
les garants de ton amour. Mais, hélas! ces
impressions se sont évanouies, comme peu à
peu s'efface de l'ame du croyant le sentiment
de la grace de son Dieu, qui lui fut démontré
par des preuves sacrées et visibles.

« Tout cela est périssable; mais l'éternité
même n'éteindrait pas cette flamme vivifiante
que je sentis hier sur tes lèvres, et qui m'em-
brase encore! Elle m'aime! Ce bras l'a pressée;
mes lèvres ont frémi sur ses lèvres; ma bouche a balbutié sur sa bouche. Elle m'appartient, tu m'appartiens! oui, Charlotte, à jamais!

« Et qu'importe qu'Albert soit ton époux?...
époux..... ce n'est que pour ce monde... et c'est
aussi, pour ce monde, un crime de t'aimer, de
vouloir t'arracher de ses bras et te presser dans
les miens Un crime ! soit; je m'en punis; je
l'ai savouré ce crime dans ses délices célestes;
mon cœur s'est abreuvé du baume de force et

de vie. De ce moment, tu es à moi ! à moi, ô Charlotte ! Je pars en avant ! Je vais près de mon père, près de ton père. C'est à lui que je me plaindrai, et il me consolera jusqu'à ce que tu viennes : alors je vole à ta rencontre, je m'empare de toi, et, en présence du Tout-Puissant, je reste auprès de toi dans un éternel embrassement.

« Je ne rêve point, je ne suis point en délire. En approchant du tombeau, tout s'éclaircit pour moi. Nous existerons ! nous nous reverrons ! Et ta mère ! je la verrai, je la trouverai; ah ! je déploierai à ses yeux mon ame entière. Ta mère, ta parfaite image. »

———

Vers les onze heures, Werther demanda à son domestique si Albert était déjà de retour. Fritz répondit qu'il avait vu ramener son cheval. Werther lui donna ensuite un petit billet ouvert ; il contenait ces mots:

« Voudriez-vous bien me prêter vos pistolets, pour un voyage que je me propose de faire ? Adieu ! »

———

L'aimable Charlotte avait peu dormi la nuit précédente; ce qu'elle avait redouté s'était réalisé, et d'une manière qu'elle n'avait pu prévoir ni craindre; son sang, jadis si pur, si léger, était maintenant agité par une bouillante effervescence; mille sensations diverses troublaient son cœur si pur. Était-ce le feu de l'embrassement de Werther qu'elle sentait dans son sein! Était-ce indignation de son audace? Était-ce la pénible comparaison de son état actuel avec ces jours de paix et d'innocence, et de confiance en soi-même? Comment se présenterait-elle à son mari? Comment lui avouer une scène qu'elle voudrait tant cacher, et qu'elle n'osait pas se cacher à elle-même? Depuis long-temps tous deux se taisaient; serait-elle la première à rompre ce silence, pour faire à son mari un aveu si inattendu, et dans un moment si peu favorable? Elle craignait déjà que la simple mention de la visite de Werther ne produisît sur lui une impression désagréable, que serait-ce s'il apprenait ce fatal résultat? Pouvait-elle espérer qu'Albert vît cette scène dans son véritable jour, et qu'il la jugeât sans

prévention? Et pouvait-elle désirer qu'il lût
dans son ame? D'un autre côté, pouvait-elle
dissimuler envers un homme devant lequel
toujours elle avait été franche, et semblable
au cristal transparent et pur; devant un homme
à qui elle n'avait jamais caché et ne voulait
même cacher aucune de ses affections? Toutes
ces réflexions l'accablèrent de soucis, et la je-
tèrent dans un cruel embarras : et toujours ses
pensées revenaient à Werther, qui était perdu
pour elle, qu'elle ne pouvait abandonner, qu'il
fallait qu'elle livrât à lui-même ; à ce malheureux Werther à qui, lorsqu'il l'aurait perdue,
il ne resterait plus rien.

Comme elles se faisaient sentir à présent les
suites de la mésintelligence entre Werther et
son mari, suites funestes qui d'abord ne s'é-
taient pas manifestées clairement ! Des hommes
si bons, si sages, faute d'être du même avis sur
quelques points, avaient commencé par se ren-
fermer tous deux dans un silence absolu, chacun pensant à son droit et au tort de l'autre ;
et l'aigreur s'augmente tellement, qu'il devient
impossible, au moment critique, de défaire ce

nœud si embrouillé d'où tout dépend. Si une
heureuse confiance les eût rapprochés plus tôt;
si l'amitié et l'indulgence se fussent ranimées,
et eussent ouvert leurs cœurs à de douces affections, peut-être notre malheureux ami eût-
il encore été sauvé.

Une circonstance particulière augmentait sa
perplexité. Werther, comme on le voit par
ses lettres, n'avait jamais fait mystère de son
désir ardent de quitter ce monde. Albert l'avait
souvent combattu; quelquefois aussi ce désir
fournissait le sujet des conversations entre
Charlotte et son mari : celui-ci, par suite
de son invincible aversion pour le suicide,
manifestait assez fréquemment, avec une espèce d'acrimonie tout-à-fait étrangère à son
caractère, qu'il croyait fort peu à une pareille
résolution; il s'était même permis quelques
railleries à ce sujet, et avait fait part de son
incrédulité à Charlotte. Ce souvenir la tran-
quillisait pendant quelques instants, lorsque
son esprit lui présentait de sinistres images;
mais, d'un autre côté, il l'empêchait de com-

muniquer à son mari les inquiétudes qui la
tourmentaient.

Albert revint. Charlotte fut au-devant de
lui avec un empressement mêlé d'embarras.
Il n'était pas bien disposé; ses affaires n'étaient
point terminées; il avait trouvé, dans le bailli
qu'il était allé voir, un homme intraitable et
minutieux. Les mauvais chemins avaient encore augmenté son humeur.

Il demanda s'il n'était rien arrivé; elle se
hâta de répondre que Werther était venu la
veille au soir. Il s'informa s'il y avait des lettres;
elle lui dit qu'elle avait porté quelques lettres
et paquets dans sa chambre. Il s'y rendit, et
Charlotte resta seule. La présence de l'homme
qu'elle aimait et estimait avait fait une nouvelle impression sur son cœur. Le souvenir de
sa générosité, de son amour, de sa bonté,
avait ramené le calme dans son ame; elle sentit
un secret désir de le suivre: elle prit son ouvrage et le rejoignit dans son appartement,
comme elle le faisait souvent. Il était occupé
à décacheter et à parcourir les paquets. Quel-

ques-uns semblaient contenir des choses peu
agréables. Charlotte lui adressa quelques questions; il y répondit en peu de mots, et se mit
à écrire à son bureau.

Ils étaient restés ainsi ensemble pendant
une heure, et l'ame de Charlotte s'attristait
de plus en plus. Elle sentait combien il lui
serait difficile de découvrir à son mari ce qui
oppressait son cœur, eût-il même été de la
meilleure humeur possible; elle tomba dans
une mélancolie d'autant plus douloureuse,
qu'elle cherchait à la cacher et à dévorer
ses larmes.

L'apparition du domestique de Werther
augmenta encore l'embarras de Charlotte : il
remit le petit billet à Albert, qui se retourna
froidement vers sa femme et lui dit : « Donne-
lui les pistolets. Je lui souhaite un bon voyage, »
ajouta-t-il en parlant à Fritz. Ce fut un coup
de foudre pour Charlotte : elle tâcha de se lever ; les jambes lui manquèrent ; elle ne savait
ce qui se passait en elle. Enfin elle avança len-
tement vers la muraille, prit d'une main trem-

blante les pistolets, en essuya la poussière; elle
hésitait et aurait tardé long-temps encore de
les donner, si Albert ne l'y avait forcée par
un regard interrogatif. Elle remit donc les funestes armes au jeune homme, sans pouvoir
prononcer un seul mot; quand il fut sorti de
la maison, elle prit son ouvrage et se retira
dans sa chambre, livrée à une inexprimable
agitation. Son cœur présageait tout ce qu'il y a
de plus terrible. Tantôt elle voulait aller se jeter aux pieds de son mari, lui tout révéler, la
scène de la veille, sa faute et ses pressenti-
ments; tantôt elle ne voyait aucun moyen
d'exécuter ce projet; elle ne pouvait pas espérer du moins qu'elle persuaderait à son mari
de se rendre chez Werther. Le couvert était
mis; une amie qui était venue demander quelque chose voulait s'en retourner... on la retint;
elle rendit la conversation supportable pendant
le repas : on se contraignit, on causa, on dis-
cuta, on s'oublia.

Le jeune Fritz arriva chez Werther avec
les pistolets; il les prit avec transport lorsqu'il

apprit que Charlotte elle-même les avait donnés. Il se fit apporter du pain et du vin, dit
au domestique d'aller dîner, et se remit à
écrire.

« Ils ont passé par tes mains, tu en as es-
suyé la poussière ; je les baise mille fois ; tu
les as touchés : toi-même, ange du ciel, tu fa-
vorises mes projets! Toi-même, Charlotte, tu
me présentes cette arme, toi, des mains de qui
je désirais la mort ! C'est de tes mains, hélas!
que je la reçois! Oh! comme j'ai questionné
le jeune homme ! Tu tremblais en les lui re-
mettant; tu n'as point dit adieu ! hélas! hélas!
point d'adieu !... M'aurais-tu fermé ton cœur,
à cause de ce moment même qui m'attache à
toi pour l'éternité ? Charlotte, des milliers
d'années n'effaceront pas cette impression! Et,
je le sens, tu ne peux pas haïr l'homme qui
brûle pour toi d'une pareille flamme. »

Après dîner, il ordonna au domestique de
tout emballer : il déchira beaucoup de papiers,
sortit, et acquitta encore quelques petites
dettes. Il revint à la maison, et, malgré la pluie,
il ressortit presque aussitôt ; il se rendit hors

de la ville, au jardin du comte : il se promena
long-temps dans les environs ; à la nuit tom-
bante, il rentra et écrivit :

« Mon ami, j'ai vu pour la dernière fois les
champs, les bois et le ciel. Adieu aussi, toi,
chère et bonne mère ! pardonne-moi ! Con-
sole-la, mon ami ! Que Dieu vous comble de
ses bénédictions ! toutes mes affaires sont
arrangées. Adieu ! nous nous reverrons plus
heureux. »

« Je t'ai mal payé de ton amitié, Albert ;
mais tu me le pardonnes. J'ai troublé la paix
de ton intérieur ; j'ai semé la méfiance entre
vous. Adieu ! je vais y mettre fin. Oh ! puisse
ma mort vous donner le bonheur ! Albert !
Albert ! rends cet ange heureux ! et que la
bénédiction divine repose sur toi ! »

Le soir, il s'occupa encore beaucoup de ses
papiers ; il en déchira une grande quantité,
et les jeta au feu : il cacheta quelques paquets

adressés à son ami. Ils contenaient quelques
petites dissertations et des pensées détachées;
j'en ai vu plusieurs. Vers dix heures, il fit mettre beaucoup de bois au feu, et, après s'être
fait apporter une bouteille de vin, il envoya
coucher son domestique, dont la chambre,
ainsi que celle de ses hôtes, était fort éloignée
sur le derrière de la maison. Fritz se coucha
tout habillé, pour être prêt de grand matin ;
car son maître avait dit que les chevaux de
poste viendraient avant six heures.

~~~~~~~~~~~~~~~~~~~~~~~~~~~~~~~~~~~~~~

LETTRE LXXXVIII.

Après onze heures.

« Tout est si calme autour de moi ! et mon
ame aussi est paisible ! Je te remercie, ô mon
Dieu, de me donner tant de force et de chaleur à mes derniers moments !

« Je m'approche de la fenêtre, mon cher
ami ! je vois, à travers les nuages sombres et
orageux qui fuient dans les airs, je vois encore quelques étoiles qui brillent au firmament.
Non, vous ne tomberez point ! L'Éternel vous
porte dans son sein ; et moi, il m'y porte aussi.
Je vois les étoiles de l'Ourse, la plus belle des
constellations. La nuit, quand je sortais de chez
toi, Charlotte, elle était en face de moi. Avec
quelle ivresse je l'ai souvent contemplée ! Combien de fois, les mains élevées vers elle, je l'ai
prise à témoin, je l'ai regardée comme un

monument sacré de la félicité que je goûtais !
Et encore....O Charlotte ! qu'est-ce qui ne me
rappelle pas à toi ! Tu m'environnes de toutes
parts. Ne me suis-je pas emparé, comme un
enfant, de mille bagatelles que tu avais sanc-
tifiées en les touchant ! O silhouette chérie !
Je te la lègue, Charlotte ; je te prie de l'ho-
norer. J'y ai imprimé mille milliers de baisers;
je l'ai mille fois saluée, lorsque je sortais ou
que je rentrais.

« J'ai écrit un billet à ton père, pour le
prier de protéger ma sépulture. Au fond du
cimetière sont deux tilleuls, vers le coin qui
donne sur la campagne ; c'est là que je désire
reposer. Il peut faire cela pour son ami; il le
fera. Demande-le-lui aussi ! Je n'exige pas
que les corps de pieux chrétiens soient dé-
posés près d'un infortuné. Hélas ! je voudrais
qu'on m'enterrât sur le bord d'un chemin,
ou dans un vallon solitaire, afin que le prêtre
et le lévite, en passant près de ma tombe pro-
fane, pussent lever les mains au ciel en se fé-
licitant de n'être pas comme moi, et que le
samaritain y versât une larme.

« Donne, Charlotte ! Je ne frémis pas en saisissant le terrible calice où je vais puiser l'ivresse de la mort ! Tu me le présentes, et je n'hésite pas. Ainsi s'accomplissent tous les désirs, tous les vœux de ma vie ! de venir, d'une main froide et assurée, frapper aux portes d'airain de la mort !

« Ah ! si j'avais pu avoir le bonheur de mourir pour toi, Charlotte, de me dévouer pour toi ! Je mourrais avec plaisir, avec joie, si je pouvais te rendre le repos, le charme de ton existence. Mais hélas ! il ne fut donné qu'à bien peu de héros de verser leur sang pour les objets de leur affection, et de rallumer, par leur mort, une vie plus active et plus heureuse au sein de ceux qu'ils aimaient.

« Je veux être enterré dans ces habits ; Charlotte, tu les as touchés, sanctifiés : j'ai demandé aussi cette faveur à ton père. Mon ame plane sur le cercueil. Que l'on ne fouille pas mes poches. Ces nœuds roses, que tu portais sur ton sein quand je te vis la première fois, au milieu de tes enfans (oh ! embrasse-les mille fois et raconte-leur l'histoire de leur

malheureux ami ; chers enfants, ils se pressent
autour de moi : hélas ! comme je m'attachai à
toi ; dès le premier instant je devins insépa-
rable de ton être !....) ces nœuds seront en-
terrés avec moi ; tu m'en fis présent, à l'anni-
versaire de ma naissance ! Comme je les dévo-
rais !... Hélas ! je ne pensais pas que ce chemin me conduirait ici !.... Sois calme, je t'en
prie, sois calme !...

« Ils sont chargés... Minuit sonne ! qu'il en
soit ainsi !..... Charlotte ! Charlotte, adieu !
adieu ! »

Un voisin vit la lumière de l'amorce, et il
entendit la détonation ; mais comme tout restait
tranquille, il n'y songea plus.

A six heures du matin, le domestique entre
avec une lumière. Il trouve son maître à terre ;
il voit le pistolet, le sang ; il l'appelle, il le
soulève ; point de réponse. On n'entendait plus
que le râle. Fritz court chez le médecin, chez
Albert. Charlotte entend sonner ; un tremble-
ment agite tous ses membres ; elle éveille son
mari ; ils se lèvent ; le domestique, en pleurant

et en sanglotant, leur annonce la triste nouvelle; Charlotte tombe évanouie aux pieds d'Albert.

Lorsque le médecin arriva près de l'infortuné, il le trouva par terre, sans aucune ressource; le pouls battait encore, les membres
étaient déjà roidis. Il s'était tiré le coup au-dessus de l'œil droit; la cervelle était épanchée.
Pour ne rien négliger, on lui ouvrit une veine
au bras; le sang coula; il respirait toujours.

D'après le sang attaché au dos de son siége,
on pouvait conclure qu'il s'était tiré le coup,
assis devant son secrétaire, qu'il était tombé
ensuite, et que, dans ses convulsions, il avait
roulé autour du fauteuil. Il était étendu près de
la fenêtre, sur le dos, sans mouvement. Il était
entièrement habillé, botté; en habit bleu, en
gilet chamois.

La maison, le voisinage et bientôt toute la
ville furent dans l'agitation. Albert entra; on
avait couché Werther sur le lit, le front bandé.
Son visage portait les traits de la mort; il ne
remuait aucun membre; les poumons râlaient
encore d'une manière effrayante, tantôt plus

faiblement , tantôt plus fort ; on attendait son dernier soupir.

Il n'avait bu qu'un seul verre de vin. *Emilia Galotti* était sur son bureau , le volume ouvert.

Je passe sous silence la consternation d'Albert , le désespoir de Charlotte.

Le vieux bailli accourut ému et troublé ; il embrassa le mourant , en l'arrosant de larmes. Les aînés de ses fils arrivèrent bientôt après lui, à pied : ils tombèrent à côté du lit, en proie à la plus violente douleur, et baisèrent les mains et le visage de leur ami ; le plus âgé, qu'il avait toujours préféré , s'était collé à ses lèvres jusqu'à ce qu'il fût expiré. On l'en détacha par force. Werther mourut à midi. La présence du bailli , et les mesures qu'il prit , prévinrent un attroupement. Le vieillard et ses fils suivirent le convoi. Albert n'en avait pas la force ; on craignit pour la vie de Charlotte. Des journaliers le portèrent : aucun ecclésiastique ne l'accompagna.

FIN DE WERTHER.

EXTRAITS

DES

MÉMOIRES DE GOETHE

(aus meinem Leben),

RELATIFS A WERTHER (*).

J<small>E</small> cherchai à me mettre en rapport intime avec tous les objets qui sont dans la nature. Je me sentis touché des moindres accidents que présentent les variations des lieux et des aspects, des jours et des saisons. Le coup d'œil du peintre se joignit aux émotions du poète.

(*) L'éditeur a cru ajouter quelque prix à cette publication nouvelle de *Werther*, en la faisant suivre de ces extraits des Mémoires de *Goethe*, qui n'ont été insérés dans aucune édition précédente.

La vue d'un charmant paysage, animé par une riante rivière, augmenta mon goût pour la solitude, en favorisant mes paisibles méditations, qui s'étendirent sur tout ce qui m'environnait.

Depuis que je m'étais éloigné de l'aimable famille qui habitait *Gesenheim*, et du cercle de mes amis à Francfort et Darmstadt, mon âme éprouvait un vide que je ne parvenais pas à remplir.

Parmi les jeunes gens que je voyais, se trouvait un homme sérieux, tranquille, d'une humeur égale, d'un esprit lucide, grave, conséquent dans sa conduite et ses discours ; nous l'appelions communément *le fiancé*. On lui avait promis un emploi avantageux. Il n'hésita point, dès-lors, à prendre des engagements avec une jeune personne dont les qualités répondaient à l'idée qu'il s'était formée d'une épouse faite pour le rendre véritablement heureux. Après la mort de sa mère, elle s'était mise à la tête d'une famille nombreuse ; et, par son activité, elle avait su répandre des consolations sur le veuvage de son père.

Elle avait le don de plaire à tous ceux qui la
connaissaient. Le fiancé, plein de droiture et
de confiance, aimait à *introduire chez elle*
tous les hommes qu'il estimait. Très-occupé
de ses affaires, il voyait avec plaisir que son
amante passât des heures agréables à la pro-
menade et dans des parties de campagne, au
sein d'une société choisie. *Charlotte* (nous
l'appellerons ainsi) était irréprochable dans
toutes ses actions. Par son caractère même,
elle semblait disposée plutôt à éprouver un
sentiment de bienveillance générale, qu'à se
laisser entraîner par des affections particu-
lières. D'ailleurs, elle s'était consacrée au
bonheur d'un homme digne d'elle, à tous
égards, et qui lui dévouait sa vie entière.

Libre de tout attachement, sans inquié-
tude en présence d'une jeune fille qui, étant
promise à un autre, ne considérait pas les
soins les plus assidus comme une chose qui
pût tirer à conséquence, le nouveau venu
(Goethe) se laissa toujours aller, sans y penser, au charme qui le subjuguait. Peu à peu
il se trouva si bien enchaîné, mais en même

temps traité avec tant de confiance et de bonté
par les deux amants, qu'il ne sut bientôt plus
quel parti prendre. Tous trois s'accoutumè-
rent tellement les uns aux autres, que, sans
le vouloir et sans être en état de s'expliquer
comment cela s'était fait, ils en vinrent à ne
pouvoir plus se séparer.

Je dirai, en peu de mots, ce qu'il est nécessaire de rappeler relativement à un jeune
homme dont le nom ne fut que trop souvent
prononcé dans la suite. Il s'agit de *Jerusalem*,
le fils d'un théologien éclairé, instruit et tolé-
rant. Il était bien fait, d'une taille moyenne,
d'une figure agréable. Son visage était rond,
plutôt qu'ovale ; sa physionomie tranquille et
douce ; sa chevelure blonde. Ses yeux bleus
avaient plus d'éclat que d'expression. Il avait
adopté le costume qu'on portait dans une partie de l'Allemagne, à l'imitation de la mode
anglaise : un frac bleu, la veste et les culottes
jaunes, des bottes à revers. L'auteur de cet
écrit n'allait jamais le voir, et il n'avait reçu
de lui aucune visite ; seulement ils s'étaient
rencontrés plusieurs fois chez des amis com-

muns. Ce jeune homme s'occupait beaucoup
de littérature ; il aimait surtout les dessins et
les esquisses qui représentent des paysages solitaires. On parlait de la passion que lui inspi-
rait la femme d'un de ses amis.

Cette œuvre dramatique (1) n'était pas mon
unique occupation. Tout en la composant et
la recomposant, je roulais beaucoup d'autres
plans dans ma tête ; et, sans abandonner la
carrière théâtrale, je m'essayais dans un genre
particulier d'imitation, qui, pour n'être pas
classé parmi les compositions dramatiques, a
cependant beaucoup d'analogie avec elles ; ce
nouveau genre de travail fut le résultat d'une
habitude qui m'est, je crois, particulière.

Assez heureux pour trouver, dans la société, l'emploi le plus agréable de mon temps,
je me plaisais à remplacer mes pensées solitaires par une conversation idéale, et à me
créer, au milieu de mon isolement, des interlocuteurs, avec lesquels je discutais l'objet qui

_____

(1) Goetz de Berlichingen, drame historique, en
5 actes, de Goethe.

m'occupait. Je parlais alors à celui que ma mémoire m'offrait, comme s'il eût été présent. Je
supposais ses réponses, ses gestes, tels qu'il
aurait dû les faire, d'après la connaissance que
j'avais de ses habitudes et de son caractère. Je
soutenais ma thèse en la développant ; j'expli-
quais ce qu'il ne comprenait pas, je justifiais
ce qu'il condamnait, et je m'arrangeais pour
le persuader en définitive. Ce qu'il y avait de
singulier, c'est que, pour ces conférences en
l'air, je ne choisissais pas les personnes avec
qui j'étais le plus lié ; c'était, au contraire,
parmi celles que je voyais le moins souvent ou
que je n'avais fait que rencontrer dans le
monde, que je recherchais mes interlocuteurs.
Je m'adressais ordinairement à des gens plus
en état d'écouter que de discuter, ayant assez
de bon sens pour comprendre ce qu'on leur
communique, sans chercher à prendre le dessus. Il m'arrivait cependant fréquemment d'appeler à ces dialogues fantastiques des esprits
relevés et capables de discuter sérieusement
et franchement la question ; j'y conviais des
individus de tout âge et des deux sexes ; je les

prenais dans toutes les conditions ; je me met-
tais à leur niveau, ne leur parlant que d'objets
agréables pour eux ; aussi me croyais-je fondé,
en définitive, à compter sur leur approbation
et toute leur bienveillance.

Entre ces conférences imaginaires et un
commerce de lettres il y a des rapports qu'il
est facile de saisir ; la seule différence, c'est
qu'une correspondance suppose une confiance
mutuelle, tandis que pour une semblable conversation, on crée, selon son bon plaisir, des
interlocuteurs toujours différents, et l'on n'est
tenu à rien envers eux. Ce que je voulais
peindre dans le moment dont je parle, c'était
ce dégoût vague de la vie, qui n'est la conséquence ni de la misère ni du besoin ; pour un
semblable tableau, la forme épistolaire s'offrait tout naturellement à moi. La mélancolie
est, en effet, enfant de la solitude ; quiconque
s'y abandonne fuit toute disposition d'esprit
contraire ; rien ne l'importune plus que la joie
bruyante ; les plaisirs auxquels les autres se
livrent sont, pour lui, un pénible reproche ;
et ce qui devrait bannir la tristesse, la redou-

11. 3.

ble. S'il veut quelquefois exprimer les sentiments qui l'agitent, ce ne sera que dans la
forme épistolaire. Que dans un épanchement
confié à la plume, il ait pour objet de peindre
soit la gaieté, soit le chagrin, personne n'est
là pour s'opposer à son désir. Une réponse
inspirée par une manière de sentir différente,
n'est jamais, pour l'homme mélancolique,
qu'un motif de plus de se fortifier dans ses
idées extraordinaires, qu'une occasion de s'y
livrer davantage. Si les lettres de Werther,
ainsi écrites, ont tant de variété, c'est que la
physionomie qui a été donnée à chaque lettre est le résultat de ces conférences idéales
pour lesquelles j'avais mis en scène avec moi
différents interlocuteurs; bien que, dans l'ouvrage, ces lettres ne soient adressées qu'à un
seul ami.

C'est m'appesantir peut-être trop long-temps
sur la manière dont j'ai composé ce petit ouvrage; efforçons-nous d'en faire mieux comprendre l'objet.

Le dégoût de la vie est toujours motivé par
des causes physiques et des causes morales

réunies ; laissons au médecin le soin de découvrir les unes, et au moraliste celui de rechercher les autres ; efforçons-nous, dans une matière si souvent traitée, de remarquer à quels signes particuliers on devra le mieux reconnaître cette maladie. Dans la vie, tout plaisir a pour base le retour régulier des objets qui nous environnent; le retour périodique du jour et de la nuit, celui des saisons, des fleurs et des fruits, enfin de tout ce qui se reproduit ici-bas, à des époques déterminées. Comme motif de jouissances, voilà quels sont les ressorts de la vie humaine ; plus nous sommes disposés à accueillir ces jouissances, et plus nous sommes heureux. Mais si les grands événements de la nature nous semblent trop au-dessus de nous pour pouvoir y atteindre, ou trop ordinaires pour nous émouvoir ; si ces douces jouissances nous trouvent insensibles, alors nous sommes voués au malheur, et accablés de la plus triste des maladies; la vie n'est plus pour nous qu'un insupportable fardeau. J'ai entendu dire qu'un Anglais se pendit, ennuyé d'avoir à s'habiller et à se déshabiller

chaque jour. J'ai vu un jardinier s'écrier un
jour d'un air chagrin : « Suis-je donc éternelle-
ment condamné à voir ces nuages pluvieux cou-
rir de l'occident à l'orient ? » On dit même qu'un
de nos compatriotes, du mérite le plus émi-
nent, voyait avec amertume le retour de la
verdure au printemps, et desirait, pour faire
cesser cette monotonie habituelle, qu'une fois au
moins la nature pût se colorer en rouge. Tous
ces traits sont des symptômes d'une mélancolie
qui, souvent, finit par le suicide, et à laquelle
les hommes réfléchis et sérieux sont eux-mêmes
plus portés qu'on ne le croit en général.

De toutes ces causes de mélancolie, la plus
fréquente, c'est l'instabilité en amour. On a
dit, et c'est avec raison, que l'on n'aimait bien
qu'une fois; en effet, si l'on aime de nouveau,
et par conséquent une seconde fois, on a perdu
tout ce que l'amour a de sublime, ce sentiment qui nous le faisait croire infini, éternel.
Tout le charme est détruit ; ce n'est plus à nos
yeux qu'une sensation ordinaire, passagère
comme tout ce qui nous entoure. L'amour n'est
pas le seul sentiment qui nous pénètre de ces

affligeantes alternatives. Dans le cours de la
vie, on ne tarde pas à s'apercevoir, par sa
propre expérience, et par ce que l'on voit arriver à autrui, que le monde moral a ses vi-
cissitudes tout comme les saisons. La faveur
de la cour, celle du public, l'appui des grands,
tout change, tout, jusqu'à l'amitié même. Il
est aussi impossible de retarder la marche de
ces événements que d'arrêter le cours des as-
tres. Ces changements ne doivent pas être uni-
quement attribués à la marche de la nature ;
souvent c'est par notre faute ou par celle des
autres ; c'est par une volonté quelconque, ou
par l'effet du hasard, que les objets nous échap-
pent ; mais, quel qu'en soit le motif, jamais
nous n'en jouissons d'une manière immuable.
Ce qui afflige le plus l'homme sensible, c'est
de commettre toujours, et de nouveau, les
mêmes fautes ; ce n'est que par une longue expérience que nous savons enfin que nos défauts sont inséparables de nos vertus, et que
nous ne pouvons cultiver celles-ci sans laisser
croître le germe de ceux-là.

Aussi, comme nous exerçons nos vertus à

l'aide de notre conscience et par notre propre volonté, tandis que nos défauts nous attaquent sans défense, les premières ne nous donnent qu'un bonheur rare et de courte durée ; les autres, au contraire, nous tourmentent sans cesse : voilà ce qui rend si difficile, pour ne pas dire impossible, la connaissance de soi-même. Qu'on se représente l'effet de ces luttes de l'ame sur le sang ardent d'un jeune homme, l'agitation perpétuelle de la vie, l'exaltation de l'imagination, et l'on ne s'étonnera plus de rencontrer des individus impatients de secouer le fardeau de la vie.

La jeunesse allemande ne se fût cependant pas abandonnée sans réserve à ces tristes réflexions, qui nous jettent dans l'infini, lorsqu'on s'y livre, si une influence étrangère ne l'eût précipitée sur cette route ; ce fut le résultat de l'étude de la littérature, et surtout de la poésie anglaise, dont le mérite, tout rare qu'il soit, n'empêche pas ceux qui la cultivent de s'abandonner à une austère mélancolie. Le citoyen de la Grande-Bretagne se voit, dès sa jeunesse, au milieu d'un monde dont les travaux

importants l'excitent à déployer toute son énergie ; de bonne heure il sent le besoin d'appeler
à son aide toutes les ressources de son intelligence, pour être au niveau de ceux qui l'environnent. Combien de poètes anglais, après avoir
consumé les plus belles années de leur jeunesse dans le bruit, l'enivrement de vains plaisirs et le vide, n'ont-ils pas cru, encore jeunes,
avoir acquis le droit de déplorer la vanité de
la vie humaine ? Combien d'entre eux ne se
sont-ils pas jetés au milieu du fracas des affaires publiques , de la cour, du parlement, du
ministère, de la diplomatie ; tantôt au premier , tantôt au second rang , s'occupant des
troubles à l'intérieur, à l'extérieur des révolu-
tions de l'Etat, pour finir par éprouver dans
leur personne , dans celle de leurs amis ou de
leurs partisans , les plus terribles infortunes ?
Combien n'en avons-nous pas vus , chassés de
leurs emplois, de leur patrie, emprisonnés,
privés de leurs biens ?

Le spectacle des événements extraordinaires
accoutume les hommes aux pensées relevées ;
et où nous conduisent ces pensées, si ce n'est

à nous pénétrer de l'instabilité des choses de
ce monde, et du peu de cas que nous devons
en faire? L'Allemand est naturellement sérieux;
rien donc ne lui plaisait autant que la poésie
anglaise; toute cette poésie lui offrait, d'ailleurs, la grandeur, l'habileté, l'expérience du
monde, une sensibilité profonde et tendre à la
fois, une morale souvent sublime, une expression passionnée, enfin les plus brillantes qualités dont puisse se glorifier une nation spiri-
tuelle et polie. Cependant toutes ces éminentes
qualités ne forment pas encore le poëte; ce
qui le distingue, ce qui, au milieu du monde,
fait pour ainsi dire de la poésie un évangile,
c'est le contentement intérieur qu'elle nous fait
éprouver, contentement qui nous rehausse à
nos propres yeux, et nous dégage des liens dont
nous enchaîne l'humanité. Semblable à ces bal-
lons que l'art élève dans les airs, des hautes
régions elle nous fait planer et dominer sur le
spectacle des misères humaines; cette vue peut,
suivant la manière dont nous envisageons l'u-
nivers, exciter en nous la gaieté la plus vive ou
la plus affreuse tristesse. Les poésies anglaises,

presque toutes morales et didactiques, produi-
sent sans contredit ce dernier effet : ce que l'on y
remarque en général, c'est le dégoût de la vie.
Je ne veux pas ici seulement parler des nocturnes pensées d'Young, consacrées particuliè-
rement à la mélancolie ; mais toutes leurs
méditations poétiques, en général, nous trans-
portent, même à notre insu, dans cette triste
sphère, où l'intelligence ne voit qu'un pro-
blème au-dessus d'elle, et sur lequel la religion
même se tait. Examinez tous les poëmes anglais;
ils ne seront que le commentaire de ce texte
effrayant :

« La vieillesse et l'expérience étroitement
« unies conduisent l'homme au trépas; et pour
« prix de tant et de si grands efforts pénible-
« ment prolongés, elles lui révèlent que la vie
« entière n'est qu'un long malheur qui le pour-
« suit depuis le berceau jusqu'à la tombe. »

Ce qui imprime un caractère particulier de
misanthropie aux poésies des Anglais, et à tous
leurs écrits une teinte sombre et affligeante
d'un dégoût vivement senti pour tout ce qui
existe, c'est l'esprit de parti, fruit de leurs dis-

cordes civiles. Pendant la plus saine portion de
leur vie, cette aveugle passion s'empare d'eux:
pour ne pas donner de prise à l'animosité de
ses adversaires, un écrivain dévoué à une fac-
tion s'abstient de tout éloge. Tout son talent,
il l'emploie à décrier, à attaquer ses antagonis-
tes, il empoisonne même les traits qu'il dirige
contre eux. Comment entre des partis dont la
haine, l'aigreur et les cris opposés oppriment
ou annullent son influence, la voix du public
impartial pourrait-elle se faire entendre ?

Voilà comment, dans les moments même du
calme le plus parfait, un grand peuple, plein
d'intelligence et d'activité, ne présente à l'ob-
servateur que le spectacle de la folie et du délire. Chez les poètes anglais, la tristesse de leur
muse se fait sentir jusque dans leurs compositions sentimentales : ici elle déplore la mort
d'une jeune fille délaissée ; là c'est un amant
fidèle englouti au milieu des eaux, ou qui,
tandis qu'il fend l'onde amère, et qu'il est au
moment d'atteindre sa bien-aimée, devient la
pâture d'un requin dévorant. Lorsqu'un poète
du mérite de Gray évoque sa muse dans un ci-

metière de village, pour y faire entendre ses
tristes et mélodieux accents, tous les amis de
la mélancolie se groupent autour d'elle pour
admirer ses chants. Pour parvenir à exprimer
une joie très-modérée, Milton, dans son *Allegro*, a recours, pour chasser le chagrin, à des
vers pleins de vivacité. Dans ces poèmes pleins
d'une douce mélancolie, où Goldsmith nous
peint le village abandonné, ce paradis perdu
que son voyageur cherche en vain dans le monde
entier, lui-même, ce poète ami de la gaieté, se
livre aux inspirations de la muse élégiaque.

On me citera sans doute des ouvrages anglais, des poésies anglaises, où règne la gaieté;
mais ces compositions, pour la plupart, et ce
sont les meilleures, appartiennent à une époque déjà reculée. Quant aux plus nouvelles de
ce genre, elles sont bien près de la satire; et
le mépris pour les femmes, l'ironie et l'amertume y dominent.

Malgré tout cela nous chérissions de préférence celles de ces poésies où respire la tristesse, et un dédain affligeant pour l'espèce humaine. Nous les dévorions; chacun de nous

s'en pénétrait à sa manière ; nous y cherchions
des aliments, l'un pour une mélancolie douce
et sentimentale, l'autre pour un sombre désespoir qui rendait la vie odieuse. Shakspeare,
notre père, notre maître à tous, Shakspeare,
qui sait si bien faire naître les expressions de
la joie, était le premier à nous égarer sur cette
triste route. Hamlet et ses sombres monologues
étaient pour nous des spectres qui épouvan-
taient nos jeunes cœurs. Chacun retenait les
morceaux les plus sublimes de l'ouvrage ;
on aimait à les répéter ; et sans être, comme
le prince de Danemark, poursuivi par l'ombre
royale d'un père invoquant la vengeance, on se
croyait forcé d'être aussi sombre que lui. Pour
compléter cette triste illusion, et qu'il n'y manquât rien, pas même un théâtre convenable,
Ossian transportait nos tristes pensées sur les
rivages sombres de sa Thulé, aux extrémités
du monde ; et là, au milieu d'immenses forêts
de sapins grisâtres, entourées des pierres sépulcrales que recouvre la mousse, et dont l'aspect
désolant jette l'effroi dans le cœur, nous n'a-
vions pour spectacle que l'herbe agitée par un

vent glacial, et le ciel chargé de nuages orageux. Phébé seule, de son reflet argenté, éclairait cette nuit de la Calédonie. Nous évoquions
autour de nous les ombres des héros, des jeunes
filles semblables aux roses décolorées Le spec-
tre de Loda nous apparaissait sous sa forme
effrayante.

C'était au milieu de ces chimères, de ces
goûts et de ces études bizarres, que la jeunesse
allemande se livrait aux regrets, suite de passions malheureuses. Elle n'avait à attendre aucun encouragement de la marche des affaires
de ce monde ; elle avait pour perspective de
traîner dans les langueurs d'une vie vulgaire
une existence inconnue. L'orgueil blessé s'emparait avidement de l'idée de pouvoir rejeter
à volonté ce fardeau, lorsqu'il deviendrait trop
pesant ; les ennuis, les chagrins que chaque
nouveau jour amène , ne faisaient que fortifier
cette manière de sentir. Elle était universelle,
et elle motiva le grand succès de Werther. Cet
ouvrage mettait au jour les rêves d'une jeunesse délirante; il était l'expression, l'écho d'un
sentiment général.

L'apparition de Werther inspira quelques
vers qui font assez voir combien les idées sombres qui dominent dans cet ouvrage étaient dans
le caractère anglais. Dans la vie humaine, le
suicide est un événement important; on a déjà
beaucoup discuté sur cette matière ; ce texte
peut cependant encore émouvoir l'intérêt , si
l'on examine l'influence de chaque époque sur
un acte semblable de la vie, et le point de vue
sous lequel nous sommes disposés à l'envisager
suivant la différence de situation où nous nous
trouvons.

En parlant des grands hommes de l'antiquité,
Montesquieu dit que chacun d'eux se croyait
en droit de terminer, où , et quand il le voulait , le cinquième acte de sa tragédie. C'était
leur attribuer le droit de se donner la mort.
Il n'est pas ici question de ces hommes qui,
placés sur la scène du monde, dévouaient leur
existence au soutien d'un empire ou à la défense de la liberté. Avons-nous le droit de
leur faire un crime d'avoir été chercher dans
un monde nouveau l'accomplissement des
grandes pensées, des sentiments généreux qui

les soutenaient, lorsqu'ils se voyaient, dans celui-ci, déchus de leurs plus chères espérances! Nous voulons parler de ces hommes qui, ne pouvant déployer toute leur activité, égarés par leur imagination, se lassent d'une vie trop uniforme pour eux. J'étais moi-même dans cette disposition d'esprit; je sais aussi combien elle m'était insupportable, et quels efforts je tentais pour m'y soustraire. Je cherchais tranquillement quel genre de mort me conviendrait le plus, et voici à peu près quelles étaient mes réflexions.

Il est si naturel à l'homme de reculer devant l'idée de sa destruction, qu'il est presque toujours forcé, pour se donner la mort, d'avoir recours à des moyens purement mécaniques. Ajax, se jetant sur son épée, trouve la mort par sa propre pesanteur. Lorsqu'un guerrier ordonne à son écuyer de ne pas le laisser tomber vivant entre les mains de l'ennemi, il compte sur le secours d'une force morale extérieure. Le désespoir précipite les femmes au fond des eaux. Le moindre effort à l'aide d'une arme à feu suffit pour se donner la mort. La

corde est un moyen ignoble : laissons-le de côté.
Les Anglais s'en accommodent, parce que, chez
eux, dès l'enfance, on s'habitue à ce genre de
mort, et qu'il n'y déshonore pas. Le poison,
l'ouverture des veines, est une manière lente de
terminer sa vie. Il n'appartenait qu'à une reine
dont la vie s'était écoulée au milieu du faste et
des voluptés, de se procurer une mort prompte
et raffinée en quelque sorte par la piqûre d'un
aspic. Tous ces moyens sont autant d'ennemis
avec lesquels on se ligue contre soi-même.

En examinant attentivement toutes les ma-
nières de sortir de la vie que l'histoire me rap-
pelait, personne, selon moi, n'avait accompli
cet acte avec plus de liberté d'esprit et de grandeur d'âme que l'empereur Othon. Il venait,
à la vérité, de perdre une bataille : ses affaires
n'étaient cependant pas dans un état désespéré.
Il prit la résolution de sortir de ce monde pour
le bien de l'empire qui, en quelque sorte, lui
appartenait déjà, et pour épargner la vie de
milliers d'hommes prêts à périr pour ou contre lui. Il fit gaiement avec ses amis le repas du
soir, et le lendemain on lui trouva le cœur percé

d'un coup de poignard. De tous les exemples
de ce genre, celui-ci me semblait le seul qui
dût être imité; et celui qui ne se sentait pas le
courage de suivre l'exemple d'Othon ne devait
pas, selon moi, attenter à ses jours.

Cette persuasion, sans toutefois me faire re-
noncer d'une manière absolue au suicide, me
détourna cependant d'un de ces accès d'humeur
sombre, auxquels s'abandonnait une jeunesse
oisive. J'avais dans mon cabinet une précieuse
collection d'armes de toute espèce, et dans le
nombre un poignard de prix, bien affilé. Toutes les nuits je le plaçais près de moi, et j'étais
plusieurs fois sur le point, avant d'éteindre la
lumière, de me l'enfoncer dans le cœur; mais
n'ayant jamais pu exécuter ce projet, je finis
par rire de ma folie. Je repoussai de mon esprit toutes ces visions d'une imagination en
délire, et je voulus vivre. Mais cependant, j'eus
besoin, pour retrouver quelque satisfaction dans
la vie, de rappeler, dans une composition poétique, tout ce que m'avait inspiré d'idées, de
sentimens et d'illusions ce sujet important. Je
réunis les différentes parties de cet ouvrage,

11.   3..

je fis revivre tous les événements qui avaient
été pour moi la source de peines et de chagrins. Mais à tout ce travail il manquait une
physionomie : pour y donner un corps, il me
fallait un fait, une fable.

La nouvelle de la mort du jeune Jérusalem
se répandit tout à coup, et, aussitôt après, les
détails les mieux circonstanciés et les plus
exacts parvinrent jusqu'à nous. Le plan de
Werther fut conçu au moment même. Les diverses parties de cette composition se réuni-
rent en quelque sorte d'elles - mêmes pour
former un tout. Je désirais d'autant plus vivement conserver cette précieuse conquête, donner un ensemble à cet ouvrage d'un intérêt si
vif et si soutenu, et bien l'exécuter dans toutes
ses parties, que, me trouvant de nouveau dans
une situation désagréable, j'y voyais encore
moins d'espoir que dans celle que j'avais eu
à supporter précédemment. Je ne prévoyais
dans celle-ci que des chagrins, au moins du
mécontentement. C'est toujours un malheur
de former de nouvelles liaisons qui n'ont aucune base naturelle et solide. C'est ainsiqu'on

se trouve souvent entraîné dans une intimité
équivoque. On se désespère de n'avoir qu'une
demi-affection, et l'on ne voit aucun moyen
de changer sa position et de s'y soustraire.

Madame Delaroche avait marié à Francfort
l'aînée de ses filles. Souvent elle y venait la
voir ; et sa situation, qui était l'œuvre de son
choix, était loin de la satisfaire. Au lieu de
ménager quelque heureux changement, elle
donnait à penser, par ses plaintes réitérées,
que sa fille n'était pas heureuse, quoique l'on
ne s'aperçût pas que rien lui manquât, ou
que son mari la contrariât en rien, et qu'ainsi
l'on ne pût décider en quoi consistait ce que
madame Delaroche appelait son malheur. Ac-
cueilli dans cette maison, je fus bientôt en
rapport avec la société qui y venait. Parmi
ceux qui s'y réunissaient, les uns avaient
contribué au mariage de mademoiselle Delaroche, les autres désiraient vivement son bonheur. M. Dumeix, doyen de Saint-Léonard,
qui faisait partie de ce cercle, m'accorda sa
confiance, son amitié même. C'était le premier ecclésiastique catholique avec qui j'eusse

eu des relations intimes. Cet homme instruit
excitait tout mon intérêt, en m'expliquant
clairement les rites et la discipline de l'ancienne Église, et ses relations avec la société.
Je distinguais aussi une dame de Servières,
belle encore, quoiqu'elle eût passé la première
jeunesse. C'est ainsi que je me trouvai tout à
coup dans l'intimité de ce cercle, et par cela
même appelé à prendre part à ses jeux, ses
plaisirs, et même ses exercices de piété. Ma
liaison toute fraternelle avec mademoiselle Delaroche continuait même après son mariage.
Notre âge nous rapprochait; et parmi tout ce
monde, ce n'était qu'en moi qu'elle trouvait ce
goût pour les exercices de l'esprit habituels de
notre adolescence. Dans toutes nos relations
régnait cette confiance réciproque du jeune
âge, qui n'admet rien de passionné : cependant elles finissaient par devenir pénibles pour
moi, la jeune dame ne s'accoutumant pas à sa
situation nouvelle. Quoique heureuse sous le
rapport de la fortune, elle se trouvait exilée,
en quelque sorte, dans une maison de commerce tristement située; et, par son mariage,

forcée de servir de mère à des enfans d'un autre lit, elle regrettait les jours heureux de sa jeunesse, et la jolie vallée d'Ehrenbreistein. Je me trouvais ainsi mêlé à tous ces intérêts opposés de famille, sans pouvoir toutefois m'en occuper activement. On semblait être content les uns des autres; cependant, et quoique la vivacité de mon affection contribuât le plus souvent à empirer qu'à adoucir le mal, dès qu'il survenait quelque tracasserie, c'était presque toujours à moi que l'on s'adressait. Enfin les chagrins qui naissent de ces relations demi-affectueuses retombant tous sur moi, finirent par m'être insupportables. J'eus besoin, pour m'en affranchir, de recourir de nouveau à une résolution forte.

La mort de *Jérusalem*, causée par cette passion funeste, me réveilla au milieu de mes rêves. J'éprouvai tout ce que ma propre situation et la sienne pouvaient m'inspirer. Vivement ému, je répandis tout le feu de mes sensations dans l'écrit que je ne tardai pas à tracer; mon imagination confondit la réalité avec les créations de ma pensée. Je m'isolai de tout

objet extérieur : ma porte fut fermée à mes
amis; et j' loignai avec le même soin toute idée
qui n'appartenait pas immédiatement au sujet
qui me captivait. Je rassemblai tout ce qui pouvait avoir quelque rapport à mon travail : je
passai en revue ma vie entière. Dans cette situation, et après avoir long-temps ainsi préparé
en secret les éléments de mon livre, j'écrivis
Werther, en quatre semaines, sans que le
plan de l'ouvrage ou les détails d'une seule de
ses parties eussent été préalablement confiés
au papier.

J'avais terminé le manuscrit, auquel il ne
restait à faire que quelques changements et
corrections. J'en rassemblai les feuillets : car la
reliure est pour un écrit ce que le cadre est
pour un tableau. Le rapport des parties avec
l'ensemble est bien plus facile à saisir. J'avais
composé cet ouvrage presque sans y penser,
à la manière des somnambules; et ce rappro-
chement me frappa, lorsque j'en fis un examen plus sérieux pour y fair des changements et des améliorations. Toutefois, dans
l'espoir qu'en différant cet examen, il pourrait

me survenir beaucoup d'idées nouvelles qui
perfectionneraient mon ouvrage, je priai mes
jeunes amis de le lire.

Il produisit d'autant plus d'effet sur eux,
que, contre ma coutume, je m'étais abstenu
d'en parler, et que je n'avais communiqué mon
projet à personne. Ce travail me sauva : il me
tira de l'élément orageux où j'allais périr, par
ma faute et par celle d'autrui. Le hasard et
mon imprudence, un genre de vie dangereux,
l'indolence et la témérité, conspiraient contre
moi. Tout à coup, semblable au fidèle qui a
reçu l'absolution après un aveu général de toutes
les fautes de sa vie entière, je me sentis libre
et allégé, préparé à une existence nouvelle.
Mais tandis que je me trouvais heureux d'avoir
donné à une triste réalité les formes de la fiction, mes jeunes amis tombèrent dans une er-
reur déplorable : ils eurent le tort de s'imaginer
qu'on devait réaliser le roman, suivre l'exemple de Werther, et se tirer des grands embarras par le suicide. Ces fausses idées, conçues
par un petit nombre d'esprits ardents, se ré-
pandirent bientôt parmi la foule des lecteurs :

ce fut ainsi qu'une production , dont je n'avais
ressenti moi-même que des effets salutaires, ne
tarda pas à être signalée comme un livre per-
nicieux.

Quoi qu'il en soit des maux qu'il peut avoir
causés, le hasard pensa tous les prévenir ; il
fut sur le point d'être anéanti au moment même
de sa naissance. Voici le fait : Merk arrivait de
Saint-Pétersbourg ; comme il avait beaucoup
d'occupations, je l'avais peu vu , et je ne lui
avais donné de Werther qu'une idée générale.
Un jour il vint me voir : le trouvant taciturne,
je le prie de me prêter attention; il s'assied sur
un canapé, et je lui fais la lecture de mon ouvrage , lettre par lettre. Je lisais depuis long-
temps et je ne lui avais arraché aucun signe
d'approbation , lorsqu'il se lève tout à coup
et sort en s'écriant : « Oui , oui , voilà qui est
admirable !... » Qu'on juge de ma surprise et de
ma consternation ; j'étais comme fou. N'ayant
pas l'habitude de porter sur mes ouvrages un
jugement quelconque, quelque tendresse que
je puisse avoir pour eux, je me persuadai fermement que le plan, le sujet, le style, que

tout enfin était manqué, et que Werther était
indigne de voir le jour. Je l'aurais bien pro-
bablement livré aux flammes, si j'avais été à
portée d'un feu de cheminée. Quelques jours
après, Merk m'ayant appris que, lors de la
lecture de mon ouvrage, il était dans une situation d'esprit épouvantable, je repris courage.
Il n'avait rien entendu et ne savait pas même de
quoi il s'agissait dans mon manuscrit ; depuis
cette époque sa position s'était beaucoup amé-
liorée, mais son caractère n'en avait que plus
d'aigreur. Il lut mon ouvrage, en fut content,
et ne voulut pas entendre parler de le refaire ;
il fallut le livrer à l'impression tel quel. J'en
fis en conséquence faire une copie exacte, qui
ne resta pas long-temps entre mes mains ; car
le jour même où ma sœur épousait Georges
Schlosser, au moment où nous nous abandon-
nions tous à la gaieté, le libraire Weygand
m'écrivait, de Leipzig, une lettre pour me
demander mon manuscrit ; cette demande
me sembla d'un bon augure. Je lui adressai
Werther; et, pour surcroît de satisfaction, les
frais n'absorbèrent pas entièrement les hono-

raires, comme cela m'était arrivé pour *Goetz de Berlichingen.*

Cet ouvrage fit une sensation extraordinaire ; la raison de cet engouement, c'est qu'il parut à point nommé. Pour embraser la mine la plus fortement chargée une étincelle suffit, et Werther fut cette étincelle. Les exigences de l'amour-propre, les passions aigries, les souffrances d'une imagination délirante, portaient le trouble dans tous les esprits. Le roman de Werther était l'expression fidèle de ce malaise universel, aussi l'explosion fut-elle terrible. On ne saurait exiger du public qu'il apporte le sang-froid de la raison au jugement d'un ouvrage d'esprit. La masse des lecteurs, comme mes amis, se laissa entraîner par le sujet dont l'effet était doublé par cet antique préjugé qui croirait blesser un auteur s'il ne lui supposait pas la prétention de donner une leçon. On oubliait que l'auteur qui se borne à peindre et à raconter des faits ne blâme ni n'approuve. Il s'en tient à développer les sentiments qu'il a éprouvés ; c'est ainsi qu'il éclaire. C'est au public à réfléchir et à porter un jugement.

Les critiques m'occupaient peu : j'avais rempli ma tâche ; c'était à mes juges à remplir la leur. Cependant *Werther* donna lieu à plusieurs brochures que mes amis recueillirent avec soin; mieux instruits du but de l'ouvrage, ils s'amusèrent aux dépens des censeurs. Nicolaï, le premier, entra dans la lice ; son écrit ayant pour titre: *Les Plaisirs du jeune Werther*, excita beaucoup de plaisanteries. Quoique ayant du mérite et des connaissances, il avait déjà manifesté la volonté de combattre tout ce qui contrariait ses idées, qui lui paraissaient sans doute les bornes de l'esprit humain: aussi se crut-il obligé de m'attaquer ; et son écrit nous parvint bientôt. Je fus charmé d'une vignette délicieuse de Chodowiecki, artiste pour lequel je professais une estime toute particulière ; quant à son ouvrage, il était taillé sur une de ces étoffes grossières, auxquelles un esprit qui se concentre dans le cercle d'une vie de famille a un soin tout particulier de laisser leur rudesse. L'auteur, sans penser que le mal est sans remède, et qu'un insecte mortel a piqué Werther dans la fleur de sa jeunesse,

est satisfait de mon ouvrage jusqu'à la page 214.
Mais c'est au moment où l'infortuné jeune
homme fait les apprêts de sa mort , que l'ha-
bile médecin moral substitue à l'arme fatale
un pistolet chargé de sang de poulet. Si ce
moyen est ignoble, il n'en résulte, à la vérité ,
aucun malheur. Charlotte épouse Werther ,
et le drame se termine par un dénouement
heureux.

Voilà ce qui m'est resté de cette brochure ;
depuis je ne l'ai pas relue ; mais j'en avais dé-
taché la vignette, pour la mettre au nombre de
celles que je préfère. Je voulus ensuite tirer
sans éclat une petite vengeance de mon adver-
saire ; je fis, à cet effet, une satire, intitulée
par moi : *Nicolai au tombeau de Werther.*
Je ne puis la publier. Tout ce que j'en sais ,
c'est que, cette fois encore, mon penchant pour
le genre dramatique m'entraîna : c'était un dia-
logue entre Werther et Charlotte, où le sel de
la raillerie n'était pas épargné. Werther reproche au sang de poulet d'avoir si peu fait
pour sa délivrance. Il vit encore , il est vrai ;
mais il est aveugle. Il se désespère surtout

d'être l'époux de Charlotte sans avoir le bonheur de la voir. Il serait bien plus heureux de
la contempler, que de jouir des appas isolés
dont le toucher seul lui garantit la possession.
Charlotte, avec le caractère qu'on lui connaît,
n'est pas merveilleusement flattée d'avoir un
mari aveugle; il en résulte des reproches amers
à Nicolaï de s'être mêlé, sans en être prié,
d'affaires qui ne le regardaient pas. La plus
franche gaieté respirait dans cet écrit. Les malheureux efforts du présomptueux Nicolaï pour
traiter des sujets au-dessus de sa portée y
étaient peints avec vérité. Cette funeste manie
fut depuis pour lui la source de beaucoup de
chagrins, et lui fit enfin perdre toute consi-
dération littéraire, malgré tout le mérite qu'il
possédait réellement. Le manuscrit original de
cette plaisanterie n'a jamais été mis au net; il
y a bien des années qu'il n'existe plus. J'affec-
tionnais cependant singulièrement cette ba-
gatelle. La situation tragi-comique de Charlotte et de Werther, loin de diminuer la chaleur
et la vivacité de leurs sentiments, semblait
ajouter à leur énergie. Tout l'ouvrage expri-

mait la tendresse la plus vive. Nicolaï lui-
même était ridiculisé avec plus de gaieté que
d'aigreur. Mais le langage que je faisais tenir à
mon livre n'était pas aussi mesuré, à beaucoup
près. C'est ainsi qu'il s'exprimait sur un vieux
refrain :

« En vain ce présomptueux me proclame dan-
« gereux ; s'il ne sait pas nager, doit-il en ac-
« cuser l'eau? Peu m'importe l'anathème des
« pédants de Berlin. Si vous ne savez pas me
« comprendre, apprenez à mieux lire. »

Je demeurai insensible à tant de contradic-
tions, préparé que j'étais à tout ce qu'on pouvait alléguer contre mon ouvrage ; mais je ne
prévoyais pas quel insupportable tourment
me feraient éprouver ceux là même dont je
connaissais l'intérêt et la bienveillance pour
moi. Personne ne me disait un mot de mon
livre, sans me demander en même temps ce
qu'il y avait de véritable. Ces demandes réitérées excitaient toute ma mauvaise humeur et
mon impatience. Il aurait fallu, en effet, pour
satisfaire cette curiosité importune, disséquer
en quelque sorte un ouvrage qui m'avait coûté

tant de soins et de réflexions, dans la vue d'en
ramener tous les éléments à une unité poétique.

En y réfléchissant, je ne pouvais cependant
pas accuser le public d'un excès d'exigence.
La mort de Jérusalem avait fait beaucoup de
bruit : on ne pouvait attribuer à aucun motif
connu cette catastrophe arrivée à un jeune
homme bien élevé, aimable, de mœurs pures,
plein de santé, jouissant d'une honnête ai-
sance, fils de l'un des bons écrivains allemands
et de nos meilleurs théologiens. On ne savait
à quoi attribuer un semblable accident : mais
lorsqu'on sut que, d'une part, il était victime
d'une passion malheureuse ; de l'autre, qu'il
avait, dans la haute société, éprouvé des dé-
goûts, toute la jeunesse et les classes mitoyen-
nes prirent l'éveil, et tout le monde voulut savoir l'exacte vérité. Werther offrit alors des
détails, des habitudes dans lesquelles on crut
reconnaître la manière de sentir du jeune homme
dont on plaignait le sort. Les qualités person-
nelles, les lieux, tout avait le caractère de la res-
semblance. En voyant un tableau d'une vérité si
frappante, on crut n'avoir plus à douter, et l'on

s'applaudissait d'avoir deviné juste ; mais en
approfondissant, on s'étonnait d'une foule de
disparates ; et les doutes augmentaient en mettant plus de soin dans l'analyse. On se voyait
ainsi loin du but. Comment, en effet, faire l'application des traits que j'avais puisés en moi-
même et dans les chagrins de ma vie ? Ma jeunesse avait passé inconnue ; et ma vie, sans
être mystérieuse, n'avait jamais fixé les regards.

Pendant que je composais mon ouvrage, je
m'étais rappelé le bonheur de cet artiste, auquel il avait été permis, pour représenter une
Vénus, de prendre les attraits réunis de plusieurs beautés ; à son exemple, j'avais formé le
portrait de ma Charlotte d'après les qualités
et sur le modèle d'un grand nombre d'aimables
personnes, sans cependant altérer les traits ca-
ractéristiques de cette femme adorée. Le public reconnut facilement les ressemblances, et
plus d'une dame n'aurait pas été fâchée qu'on
découvrît en elle l'original d'un portrait si
flatteur. Ces Charlottes innombrables me tour-
mentèrent singulièrement. Avais-je le malheur

de rencontrer l'une d'elles, elle voulait savoir
d'une manière positive où était la véritable
Charlotte. Comme Nathan, avec ses trois an-
neaux, par un subterfuge, je cherchais à
m'esquiver ; mais cette ressource n'a de succès
qu'avec les esprits d'un ordre supérieur, et ne
satisfait ni le crédule vulgaire, ni le public
plus éclairé. J'espérais, au bout de quelque
temps, être enfin débarrassé de ces demandes
indiscrètes ; mais elles se sont attachées à ma
vie entière : en vain, en voyageant, je croyais
m'y dérober, par *l'incognito* ; des obstacles im-
prévus m'ont enlevé cette dernière espérance ;
et si l'auteur de cette brochure a réellement
commis une faute en publiant un écrit qui
soit nuisible, il en a reçu une punition suffi-
sante : que dis-je ? tant d'inévitables persécu-
tions l'ont puni outre mesure.

Noms des Auteurs

Composant la Collection

DES MEILLEURS ROMANS

FRANÇAIS ET ÉTRANGERS,

EN 132 VOLUMES IN-32.

ROMANS FRANÇAIS.

Élie de Beaumont, 2 vol. Cottin, 12 vol. Graffigny, 1 vol. Marguerite de Valois, 5 vol. Lafayette, 4 vol. Riccoboni, 3 vol. Amyot, 1 vol. Boufflers, 1 vol. Cazotte, 3 vol. Florian, 4 vol. Hamilton, 4 vol. Lesage, 8 vol. Marivaux, 5 vol. Mirabeau, 6 vol. Montesquieu, 3 vol. L'abbé Prévost, 8 vol. J.-J. Rousseau, 6 vol. Scarron, 4 vol. Saint-Lambert, 1 vol. Tressan, 9 vol.

ROMANS ÉTRANGERS.

Cooper, 6 vol. Miss Inchbald, 4 vol. Fielding, 6 vol. Daniel Foë, 4 vol. Foscolo, 2 vol. Goethe, 2 vol. Goldsmith, 2 vol. Godwin, 4 vol. Johnson, 2 vol. Sterne, 8 vol. Swift, 2 vol.

www.ingramcontent.com/pod-product-compliance
Lightning Source LLC
Chambersburg PA
CBHW072046080426
42733CB00010B/2007